轻学术文库

既严肃严谨又轻松好看的学术书

经济学就是权衡取舍

成为更理性的人

方钦 著

海南出版社
·海口·

图书在版编目（CIP）数据

经济学就是权衡取舍 / 方钦著. -- 海口：海南出版社，2024.6

（成为更理性的人）

ISBN 978-7-5730-1552-5

Ⅰ.①经… Ⅱ.①方… Ⅲ.①经济学-通俗读物 Ⅳ.①F0-49

中国国家版本馆 CIP 数据核字 (2024) 第 042121 号

成为更理性的人：经济学就是权衡取舍
CHENGWEI GENG LIXING DE REN: JINGJIXUE JIUSHI QUANHENG QUSHE

作　　者	方　钦			
责任编辑	徐雁晖	项　楠	宋佳明	陈淑芸　胡守景
执行编辑	戴慧汝	潘铭沁		
特约编辑	王　偲	顾晨芸	丁　虹	沈　骏
特约策划	张　萌	何嘉欢	仇　悦	
封面设计	陈　晨			
印刷装订	三河市中晟雅豪印务有限公司			
项目统筹	吕　航			
策　　划	读客文化　爱道思人文学社			
版　　权	读客文化			
出版发行	海南出版社			
地　　址	海口市金盘开发区建设三横路 2 号			
邮　　编	570216			
编辑电话	0898-66822026			
网　　址	http://www.hncbs.cn			
开　　本	880 毫米 ×1230 毫米 1/32			
印　　张	8.25			
字　　数	150 千			
版　　次	2024 年 6 月第 1 版			
印　　次	2024 年 6 月第 1 次印刷			
书　　号	ISBN 978-7-5730-1552-5			
定　　价	59.90 元			

如有印刷、装订质量问题，请致电 010-87681002（免费更换，邮寄到付）

版权所有，侵权必究

目　录

导　论　幸福取决于你我的选择　　　001

01　什么是财富？　　　013
经济学小知识进阶　　　028
延伸阅读　　　030

02　什么是权衡取舍？　　　031
经济学小知识进阶　　　046
延伸阅读　　　049

03　什么是企业？　　051
经济学小知识进阶　　066
延伸阅读　　068

04　什么是理性选择？　　069
经济学小知识进阶　　082
延伸阅读　　084

05　什么是市场经济？　　085
经济学小知识进阶　　100
延伸阅读　　103

06　什么是经济增长？　　105
经济学小知识进阶　　120
延伸阅读　　122

07　什么是资本？　　123
经济学小知识进阶　　137
延伸阅读　　139

08 什么是货币? **141**
经济学小知识进阶 156
延伸阅读 158

09 什么是外部性和公共品? **159**
经济学小知识进阶 178
延伸阅读 180

10 什么是制度? **181**
经济学小知识进阶 195
延伸阅读 198

11 什么是政府? **199**
经济学小知识进阶 212
延伸阅读 214

12 什么是市场经济的道德? **215**
经济学小知识进阶 229
延伸阅读 232

13 什么是功利主义?	233
经济学小知识进阶	247
延伸阅读	251

结　语	253

导　论
幸福取决于你我的选择

Nullius in verba.（勿轻信人言。）

——英国皇家学会座右铭

导　论　幸福取决于你我的选择

首先声明：本书是一部介绍经济学通识的小册子。只不过，可能和许多读者预期的那种财经类图书完全不一样。阅读本书，不可能让读者获得投资理财的小窍门。同时，本书也不会对未来经济形势做任何预测。最后，本书与人生成功学完全无关。

为何这些在流行的财经类图书中成为标配的内容本书统统没有？理由很简单：这些东西的确不是经济学真正关心的内容，至少不是理论经济学关心的内容。

很奇怪是不是？难道坊间铺天盖地的财经畅销书中教授的知识，不是经济学知识？

是经济学知识，只不过这些既不是诸位应该耗费大把时间和金钱去"学习"的经济学知识，也不是标准的经济学教材关注的问题。如果读者不理解我的意思，那么可以先听我讲个故事。

这是一位著名经济学家和一位著名企业家之间的故事。因为他俩都太有名了，而且这个故事本是经济学家私下分享给我的，所以请允许我隐去他们的名字。

故事发生在20世纪90年代初，也就是上海证交所刚成立不久那会儿。

当时这位经济学家在圈内也算小有名气，他的专业领域是农业经济学，常常跑农村搞调查。而那位企业家，约莫在20世纪80年代初期创办了一家科技企业，只是十年过去，这家公司的发展也到了瓶颈期。有一天，经济学家接到一个电话，说是企业家想与他见一面，咨询些问题。经济学家也没多想，连那家企业做的业务跟农业有没有关系都没问，就稀里糊涂地答应了。到了约定见面那天，企业家碰巧因为诸事不顺，一时气急攻心，病倒住院了，但是他仍坚持要见一见经济学家，于是经济学家就一头雾水地跑去了医院。结果一见面，病床上满脸愁容的企业家就问了这么个问题：我的公司想上市，是在国内上市呢，还是去国外比较好？

经济学家一听就傻了。他的确是经济学家，但是十几年来他只关心农业问题，而且作为1977年恢复高考后的那批大学生的一员，他学的还是传统的马克思主义政治经济学。当时的他连股票长啥样都没见过，什么公司金融、证券投资，统统都不懂。更糟糕的是，这家企业经营的高科技业务，完全在他的知识范畴之外。他怎么可能知道公司应该在哪儿上市？

几十年后，经济学家坐在咖啡馆里跟我说起这件事的时候，还自我调侃，说他当时想的是自己来都来了，就胡诌几句吧。于是他就从自己最熟悉的农业经济学开始尬聊。他也不清楚企业家有没有在听他说话，只见对方呆呆的，两眼望着"诗和远方"……

结果，谈话过去几个月后，这家企业启动了上市计划。之后，企业越做越大，现在也算是业界翘楚。企业家很感激经济学家，逢人就说当初多亏听了经济学家的意见，才做出了明智的上市决策，还四处向同行称赞这位经济学家多么厉害。经济学家经过不断耕耘，在圈里圈外也越来越有名气。到了今天，两人都成了成功人士。

"这成功来得就像做梦一样，你想都想不到。"经济学家说着这句话，结束了这个故事。

这个故事告诉我们：企业的上市决策全在于那位企业家天才的经商头脑。也许他从经济学家的尬聊里突然悟到了什么东西，但这东西肯定不是经济学家刻意去教授的。同样，他那经商能力也不是因为听了经济学家一席话而获得的。

总而言之，企业家的成功与经济学一点关系都没有。

经济学可以告诉我们有关财富的知识，但是它没法教人怎么赚钱。请记住这一点。

而那些宣称阅读以后就能让人走上人生成功路的畅销财经类图书，恐怕只有作者本人能够凭借它们获得成功。万一真有这类书籍的读者创业成功,那么请相信我,他们不读那些书也一样能成功。

好,说完了经济学不是什么,让我们接着说说经济学是什么。

简言之,经济学是一门关乎选择的学问。这个解释看似简单,实则不然。因为决定如何选择的,是我们的人性。可关键的问题是,经济学家真的了解人性吗?我们先来看几个案例。

案例一:当下最流行的实验和行为经济学研究发现,毒贩子偏好与老母亲住一起,于是经济学家得出结论说,"犯罪分子比普通人更有人性"。案例二:脑科学研究发现,切除人脑的某一部分,部分人性也会缺失,像是控制情绪的能力,或者是同理心,据此,经济学家得出的结论是,"人性就跟乐高积木一样,是由脑组织一块块地拼出来的"。案例三:生物学家发现,动物的某些行为,从表面上看,似乎跟人类很像,比如关心同伴、扶助老幼,于是经济学家由此得出的结论是,"动物也有人性"。

以上这些案例大致上反映出目前经济学理论对于人性的理解程度。那么,是不是说经济学家对于人性的理解真的止步于此呢?

经济学家A,数十年如一日看衰中国经济,每天坚持说说说,写写写。终于有一天他看到中国经济下行,得意扬扬地宣称:"我在多少年前就料到了。"

经济学家B,他不是坚持一种观点,而是每天提出十几种预测，总归能碰到一回预测对了。于是，他也得意扬扬地宣称："我在多少年前就料到了。"

经济学家C，他不做预测，而是语不惊人死不休，故意说些离经叛道、似是而非的话，同样也能涨粉无数。

这些统统都是人性。

其实我很佩服那些真正能拉流量的网红经济学家，他们看透了人性，牢牢抓住了人性的弱点，却从不说出口。

有位经济学家曾说过，学一点经济学，可以让你的人生过得更快乐。可是，倘若我们的经济学只讲"选择"，把"选择"背后的人性藏着掖着，又怎么能让人觉得更快乐呢？只能让旁人觉得经济学教育把人都变成了利益计算的机器吧。

所以，在这本书里，我想讲点不一样的经济学，它既关乎选择，也关乎人性。最终，它关乎人生的幸福。

可是，经济学真的能谈论人性吗？我的回答是：能。通过理解我们的选择行为，就可以反思我们的人性；通过反思人性，就可以进一步帮助我们做出选择。有反思的人生才是值得过的，有反思的选择才能带来幸福。这就是我理想中的经济学。

本书的主体框架脱胎于主流的经济学教科书，但同时又做了大幅改动，即以微观经济学和宏观经济学为主要内容，在此基础上，还涵盖了政治、法律、社会以及道德哲学领域的经济学反思。

本书的第一章是总起。主旨是解释为什么经济学会关注选择问题，从曾经无数人关心的财富问题，到经济学科建立后逐步将研究重点转向关心选择，其中哪些内容发生了变化，哪些内容又是经济学不变的研究主题。

第二章至第四章围绕着"权衡取舍"这个问题展开。我们将会具体分析个体是如何做出选择的，这里的"个体"，既可以指"个人"，又可以指企业或组织。在分析了决定行为选择的关键要素之后，我们将讨论理性选择理论所揭示的人类行为的逻辑与意义。

第五章的内容将从"个体选择"进一步推衍到"个体与个体之间的互动过程"，即市场机制。市场不仅仅是商品交易，也不只是资源配置的手段，而是塑造着现代人行为的一种生活方式。我们的生活与市场经济的有效性密切相关。

总而言之，第二章至第五章的主要内容属于微观经济学的范畴。第六章至第八章，本书的内容将转向宏观经济学领域。

第六章关注人类社会的经济增长。讨论的重点内容是如何界定经济增长，以及为何使用GDP（国内生产总值）指标来定义经济增长。经济增长不仅仅是一个经济问题，同时也伴随着从个人生活方式到社会整体结构的深层次变化。所以面对经济增长，个人的态度往往是矛盾的，我们欢迎经济增长带来的生活福利，但又往往难以承受生活方式发生的巨变。

第七章将探讨资本之谜,即为什么经济学直到今日也无法洞悉资本的全部奥秘。自18世纪以来,经济学家提出了一个又一个有关资本的解释,但每一个资本概念在解决某些难题的同时,又提出了新的问题。最终,经济学家想到使用时间这个变量来描述资本过程。

第八章的主题是货币。从货币交易论到货币信用论,对于货币,进而对于货币政策,理论界的认识存在巨大分歧。在了解理论分歧的同时,这一章也会解释货币的本质究竟是什么,以及货币如何通过资本过程影响实体经济。

第九章讨论的是两个对于普通读者来说较为陌生的概念:外部性与公共品。需要指出,这两个概念实际上涉及与我们的生活密切相关的经济现象,例如企业生产经营时对环境造成的污染应当如何处理,以及如何鼓励对教育产业加大投入以满足社会需求,等等。传统经济学强调通过政府干预的方式来解决外部性和公共品问题,但是本章将探讨另一种可能性:外部性和公共品归根结底是制度问题。

第十章将具体解释"制度"是什么。一方面,制度是人类社会最重要的约束条件,我们所有的行为选择都是在特定制度下做出的。另一方面,制度本身亦是我们选择的结果。

第十一章将对"制度"做进一步分析,即聚焦在制度选择过程中扮演最重要角色的主体——政府。政府同样是市场经济体系中的行为主体之一，但较为特殊的是，它拥有垄断制度选择的能力。如何分析政府行为，就是本章的主要内容。

在本书的最后，即第十二章和第十三章，将会回到经济学的本源——道德哲学的领域。第十二章会讨论经济学的道德究竟指什么。回答这一问题，需要我们重新理解亚当·斯密（Adam Smith，1723—1790）所说的"看不见的手"（invisible hand），即通过市场交易，我们才有可能为了自身利益的考虑，去关心别人的利益。第十三章将介绍功利主义伦理学。功利主义是当代最为流行的道德观，同时也是遭受严重误解的伦理学。关注结果、推己及人、人人平等，这是功利主义最核心的内容。

以上就是本书的主要内容，重点是梳理经济学体系的逻辑，以及指出一些教科书中常见的错误。

由于经济现象的复杂性，当代经济理论在分析过程中特别依赖数学工具，但对绝大多数普通读者而言，数学工具都不太友好。考虑到大部分读者的接受能力，本书正文部分尽量删去了那些较为专业的论证和分析。对于论证中绕不开的数理分析，则适当保留。本书也在各章节末附有一篇"经济学小知识进阶"，介绍与这一章内容相关，但较为专业的概念和知识。除此之外，章末也列出了相关的参考文献，供有兴趣的读者进一步查阅，以获取更多的知识。

导　论　幸福取决于你我的选择

必须强调，本书虽然涵盖了理论经济学的大部分内容，但并非通常意义上的经济学教科书。作者的初衷也并非系统地教授一门经济学专业课程。如果有读者真的想系统学习经济学，那么不仅需要去阅读相关的专业书籍，还需要进行大量的专业训练。要像高考练习做数学题那样经过经济学题库的洗礼，才可能真正掌握初级经济学。

在这个信息爆炸的时代，最大的问题不是缺乏信息，而是信息过于丰富。绝大多数人都迷失在信息泛滥的旋涡里，盲目地寻求某个权威来为自己解答生活中的种种困惑。

勿轻信人言！这是科学研究的第一步，也是反省自身的第一步。

当专家A说××指标大好，说明经济形势向好时，我们为何不再问问为什么这个指标能够衡量经济走势？当专家B说市场经济一定是最有效率的一种资源配置手段时，我们为何不再想想为什么说市场是有效率的？当专家C说政府增发货币一定会引发通货膨胀时，我们为何不再观察一下现实中不同货币政策带来的影响？当专家D说市场经济失灵，必须政府干预时，我们为何不再反思一下何谓"市场失灵"，政府的行为又是如何做出的？

所以，我希望读者读完本书以后，不会再问："为什么别人很有钱，而我却很穷？"而是追问："生活在这俗世之中，我真正想要的,究竟是什么?"

人世间总是苦多乐少。所以幸福是一种稀缺品,因为稀缺,必须选择!个人的幸福、社会的进步以及国家的福祉,都取决于我们的选择,简而言之,幸福取决于我们的选择!

现在,你准备好开始这一趟经济学的冒险之旅了吗?

01
什么是财富？

经济学是一门研究人类一般生活事务的学问。[1]

——阿尔弗雷德·马歇尔

(Alfred Marshall,1842—1924)

---

[1] [英]马歇尔:《经济学原理》(下卷),朱志泰译,商务印书馆1964年版,第23页。

01 什么是财富？

在开始讲述本书的内容之前，我想首先问诸位读者一个问题：在你的印象里，经济学是做什么的？

对于这个问题，我相信不同的人联想到的内容会非常不一样。通俗一点的想法，可能会将经济学与钞票、股市和金融这些东西联系在一起；专业一点的想法，会考虑价值、资源和资本等概念。但不管怎么想，你头脑里想到的东西一定和"财富"有关。

所以，经济学是一门与财富有关、教人们如何获取财富的学问吗？

如果你想到了这一点，恭喜你，答对了，同时又答错了！非常抱歉，在此我并不是玩文字游戏，只是事实如此。

"什么是财富？""如何获取财富？"一直以来都是经济学科的两大元问题。对于这两个问题，千百年来无数杰出的头脑已经给出了无数漂亮的回答。只不过，即便我们有了"正确的答案"，却也未必能解决"实际的问题"。

20世纪20年代,有位经济学家,名叫欧文·费雪(Irving Fisher,1867—1947)。普通读者可能不太熟悉这个名字,但是在经济学圈子内,他代表着一个近乎半神的存在。作为耶鲁大学第一位经济学博士,费雪的学术成长史就是美国经济学在全世界崛起的历史。他曾任美国经济学会主席、美国统计学会主席,是美国数学学会吉布斯奖获得者,还发起成立世界经济计量学会,并担任该学会首届主席。同时他还是一位发明家、积极的社会活动家和知名的养生学家。经济学界称其为"有史以来最伟大的、同时也最具有传奇色彩的美国经济学家之一"[1]。

2017年是费雪150周年诞辰,也是他逝世70周年,当时在经济学界内部掀起了一股纪念热潮。不过,对于一位了解经济学界学术动向的人来说,如此高调地纪念费雪,本就是件不太寻常的事。

为什么说不寻常呢?

因为费雪曾被经济学同行们雪藏了半个多世纪。

为什么要雪藏费雪呢?

因为他赚不到钱!

没错,费雪赚不到钱。由于偿付不了房子的抵押贷款,他被其所任教的耶鲁大学强制退休。尽管他活到80岁,晚年却穷

---

[1] Blaug, Mark, *Great Economists Before Keynes*, Atlantic Highlands, NJ: Humanities Press International, 1986, p. 77.

困潦倒，终至落魄离世。直到他去世之时，还欠着数十万美元的债务。

更要命的是，作为一位经济学家，费雪的主要研究领域就是货币经济学，其最重要的理论贡献，还是货币理论——一辈子研究货币，却赚不到钱。

这种理论和现实的巨大反差，导致很长时间内经济学家们都觉得谈论费雪是一件需要避讳的事情。

为什么费雪赚不到钱？是因为费雪没有"赚钱（经济）"头脑吗？当然不是。在经济学家中，费雪算是非常有投资理念的一位，并且他也确实曾在华尔街风光一时。

20世纪20年代，正是华尔街股市欣欣向荣、形势一片大好之时。当时的费雪通过卖出一个发明专利（一个用来方便上班时候打卡的装置）赚得第一桶金，然后投资股市，摇身一变，成为"华尔街的先知"。当时他是华尔街最著名的股评人之一，无数人按照他的"指点"买卖股票。

1929年10月16日，费雪宣称："股票价格看起来永久地达到了较高的稳定水平。"[1]结果这句话将他钉在了历史的耻辱柱上。

---

[1] "FISHER SEES STOCKS PERMANENTLY HIGH; Yale Economist Tells Purchasing Agents Increased Earnings Justify Rise. SAYS TRUSTS AID SALES Finds Special Knowledge, Applied to Diversify Holdings, Shifts Risks for Clients", *New York Times*, October 16, 1929, p. 8.

因为就在10月29日，也就是两个星期不到，纽约股市大崩盘，紧接着就是席卷全世界的经济大萧条……

费雪的故事说明了一点：经济学确实是一门与财富有关的学问，但是，它未必能教你如何长久地获取财富。

请注意，我的意思并不是说经济学无用。其实不光是经济学，许多学科都是如此。政治学探讨理想的政治形式，可是我们真的仅凭借政治学理论就能在人间建立起完美的政体吗？医学研究如何治愈疾病，可是医学能够让人们长生不老吗？

只不过在经济学身上，这个吊诡的悖论显露出更多的讽刺意味，特别是对于那些正在学习或者立志于学习经济学的同学来说。在高等院校里，经济类专业一直都是热门专业，而大家学经济学的目的，不就是找个好工作、永远赚大钱吗？如果经济学没法教人们赚钱，那经济学还有什么意义呢？

当然有意义！

如果我们了解了财富的性质，那么就会发现：真正的财富远非赚钱而已；而经济学也远非一门教你赚钱的学问。

在这一章中，我们就来详细说说财富本身，以及经济学到底能够传授给我们什么样的知识。

首先，让我们回到前面提到的经济学两个元问题中的第一个问题：什么是财富？

对于这个问题,两千多年前的古希腊哲人就给出了通俗易懂的回答:所谓"财富",就是对你有用的东西;如果一样东西对你自己来说没有用,但是你可以卖掉它,那么它也是"财富"。[1]

用学术一点的话语来说,这就是后世学者提出的"价值理论"的雏形。上述回答中的"对你有用"指的是"使用价值","卖掉它"则是指"交换价值"。

使用价值是根据物品或服务对人们而言是否"有用"而确定的价值。"有用性"因人而异。比如说有人喜欢苹果,有人不喜欢,那么同样一个苹果,对于喜欢它的人来说所具有的使用价值就要高于那些不喜欢它的人。但是,如果某样物品或某种服务对所有人来说都不具备任何使用价值,那么它是不能成为财富的。所以使用价值是物品或服务的自然属性,是它们能被称为财富的必要条件。

交换价值则是某样物品或某种服务与其他物品或服务交换的比例,即物品或服务的"价格"。比如经济学教科书中常见的一个例子,一只羊交换五把斧头,一只羊的交换价值就是五把斧头。不具备使用价值的物品或服务一定不具备交换价值;具备使用价值的物品或服务也不一定具备交换价值。比如某样特殊物品,只有特定的某一个人认为它是宝贝,其他所有人都认为它毫

---

[1] [古希腊]色诺芬:《经济论》,张伯健、陆大年译,商务印书馆1961年版,第3页。

无价值,那么该物品就无法交换出去,不具备交换价值。

所以,财富就是"对我有用的东西"。如果某样东西或某种服务对我无用,但是对别人有用,那么我可以通过交易,将它换成对我有用的东西或服务。在这类交易的情形下,"对我无用的东西"也可以成为财富。

乍看起来,以上有关财富的解释是不是非常简明直白?很多聪明的读者甚至会进一步想到:既然财富是"对我有用的东西",那么对于第二个元问题——如何获取财富,答案不就是尽可能多地去获取那些"对我有用的东西"?

没有那么简单。

看到这里就要求读者们具备一种经济学的思维惯性,进一步想一想:什么是"对我有用的东西"?

举个例子。长期以来,我就对各种各样"玩"的东西感兴趣,从变形金刚到乐高,从耳机到相机……在我眼里,这些东西当然"对我有用"。只不过,在我父母辈看来,这都是些浪费钱的败家玩意儿,堆放在家中不但占地方,还容易吃灰。而一次又一次的家庭大扫除,也让我损失惨重。

所以,诸位读者有没有发现,"什么是对我有用的东西"这个问题的答案因人而异。更重要的是,这个问题的答案常常随着时代的变化而变化。

在物质必需品相对匮乏的年代,能养活自己、让自己生存下去的东西，才是"对我有用的东西"，才是财富。这是经历过困苦生活的人们的一种本能式反应。如果你每天要为了吃饱穿暖而挣扎，那么物质必需品自然是真正的财富。传统农业社会的普遍贫困让这种观念成为时代共识。

如果在人们的普遍观念中，"对我有用的东西"是维持生存的物质必需品，那么这类财富要怎么获取呢？其实很简单，付出劳动就行了，否则就只能是坐吃等死。

而且，人类还是群居动物。一个人单靠自身是难以生存的，你还需要顾及小家庭，乃至大集体，也就是说要所有人都参与劳动、相互合作，生存问题才能真正得到解决。所以在西方，获取财富的方式首先是管理好你自己，其次是管理好家庭，最后则是管理好城邦，从而实现整个社会的共同富裕。这一思想在我们中国人这里，就是"修身、齐家、治国、平天下"的观念。

这样的想法一直延续到了经济学诞生的那一年，亚当·斯密在《国民财富的性质和原因的研究》（*An Inquiry into the Nature and Causes of the Wealth of Nations*，1776，又称《国富论》）里明确提到，经济学的目的就在于富国裕民。[1]富国裕民，用中国人的话来说就是"经世济俗"。所以这门学科传入中国后，被称为"经济"。

---

1 ［英］亚当·斯密：《国民财富的性质和原因的研究》（下卷），郭大力、王亚南译，商务印书馆1974年版，第1页。

这就是长期占据主导地位的看法：财富是物质必需品，人们付出劳动获取财富。所以，早期的经济学是一门有关财富的生产、消费和分配的学科。而有关劳动创造价值的观点也逐渐发展起来，成为一个庞大芜杂的理论：劳动价值论。

现如今，劳动价值论在特定研究领域仍然存在，但已不再是主流经济学的核心观点。为什么？因为时代变了。

1776年，经济学诞生的这一年，同时也是人类社会发生工业革命、进入工业社会之时。技术进步、社会化大生产、全球贸易体系，所有这一切深刻地改变了我们的世界，改变了你我的生活，也改变了你我对于财富的看法。

现如今，物质必需品充裕，大多数人每天的生活不再是围绕着解决温饱问题打转，因此财富的观念也变了。"有用性"成为个人生活的焦点。

"有用性"，就是对我有意义，能够满足我的需要，经济学称之为"效用"。当代经济学做出的最重要的转变之一，就是用效用理论取代了原本的价值理论；将财富和物质对象剥离开来，财富变成了一种纯粹的主观感受——效用。

请注意，这样一来，"财富"这个词所指涉的对象范围不是变狭隘了，而是变得更丰富了。物质必需品，从它们能满足我们的生存需要来说，仍然是财富。同时那些不是我们生存所必需，却能给我们带来主观上享受的东西，比如满足精神需要的物品或服务，现在也是财富了。所以在我的父母辈看来浪费钱的那些"败家玩意儿"，在我这一辈也能够称得上是财富了；而在我这一辈看来完全摸不着头脑的NFT（非同质化代币），在"后浪"们的眼中也是非常重要的财富形式之一了。

当我们对于财富的理解发生变化时，对于"如何获取财富"这个问题的回答也自然随之发生了根本性的变化。

当我们认为财富是一种精神享受时，它还能否被生产出来？

在"财富"还只是物质必需品的时候，你不用怀疑人们对这些物品是不是有需求，因为它们是"必需品"，也就是生存所必需的，只需要组织资源进行生产，然后把生产出来的物品投入消费和分配环节，这样整个经济过程就完成了。但是，如果财富不仅仅是物质必需品，还是一种主观享受，那么你就不能保证自己生产的东西一定有需求，因为你不知道谁还会觉得它具有效用。所以，当财富的概念发生变化，合理的逻辑就变成了：我们先要觉得某样东西具有效用，然后才愿意花费代价去生产它。

原来的逻辑是：投入劳动进行生产，得到有用的产出物。现在的逻辑是：先要具有某种效用需求，然后再组织资源去进行生产。

这样一来，"劳动创造财富"这套说法就不对了。劳动不创造财富，它仅仅是获取财富的手段之一，其作用和资本、土地这些东西一样，都属于"生产要素"。想想看，如果一样东西，所有人——包括你自己——都觉得它不具有效用，那么单单付出劳动去生产它，还能叫作财富吗？

"什么是财富"这个问题的答案变了，"如何获取财富"的逻辑也要随之发生变化。最终，整个经济学发生了根本性的改变。

这种改变发生于1871年，[1]前后经过二十多年的时间，经济学才变成了我们现在看到的样子。

这场改变的核心就是：当我们认为财富是一种效用时，财富是如何获取的？

要解答这个问题，首先要明白一点，效用源自我们的欲望——我们每个人生活在这个世界上，都想要实现某种目的。对人类而言，只有当身外之物服务于我们的欲望时，它们才会有"效用"。

可是，如果我们的欲望能够完全得到满足，想要什么就有什么，那么这个世界根本不需要经济学。因为"如何获取财富"这个问题自动消解了——天堂里没有经济学。

但问题就在于欲望无穷无尽，而满足欲望的资源有限，二者必然发生冲突：相对于欲望，资源永不足；相对于资源，欲望永

---

[1] 经济学史上称为"边际革命"（Marginal Revolution），或者"边际主义运动"（Marginalism）。因为在1871年前后，第一代边际主义运动的三位代表人物，杰文斯（William Stanley Jevons，1835—1882）、门格尔（Carl Menger，1840—1921）和瓦尔拉斯（Léon Walras，1834—1910），先后各自独立地出版了自己的代表作，从而掀起了经济学理论体系的大转型。

不眠。

这种欲望和资源之间的冲突,就是"稀缺"的含义。这种稀缺性构成了我们日常行为的约束条件之一。

举个例子,你想去环球旅行,你以为是金钱阻碍了你的梦想,但是等你有钱了,你确定能腾出几年的时间出去看看吗?而在金钱、时间和精力都准备好的时候,如果碰上像新冠病毒感染这样的疫情,各国大门紧闭,你的想法依然无法实现。总会有约束条件阻碍你的欲望实现。

这时候,对于"如何获取财富"这个问题的回答,就转变为"如何在约束条件下尽可能地满足欲望",即"如何选择"的问题。

财富取决于我们的选择。经济学就是教你在面对稀缺性时,如何做出最好的选择。

所以,当财富的概念从物质必需品变成主观享受时,经济学要处理的问题,就从"如何通过生产劳动富国裕民",变成了"如何在给定的约束条件下,尽可能地满足自身的欲望"。如此一来,生产就不再那么重要了,如何"选择"才重要。

"经济学是把人类行为当作目的与具有各种不同用途的稀缺手段之间的一种关系来研究的科学。"[1]著名经济学家、伦

---

[1] [英]莱昂内尔·罗宾斯:《经济科学的性质和意义》,朱泱译,商务印书馆2000年版,第20页。

敦经济学院院长莱昂内尔·罗宾斯（Lionel Robbins，1898—1984）在《经济科学的性质和意义》（*An Essay on the Nature and Significance of Economic Science*，1935）一书中写下的这句话，成为当代标准的经济学定义。其中，"把人类行为当作目的"的意思就是"我们欲求的是什么"；"具有各种不同用途的稀缺手段"的意思是"我们满足欲求的行为受到什么样的约束"；最后，"一种关系"指的是"约束条件和欲求之间的某种关系，即我们如何在约束条件下满足欲望"。

说到这里，让我们总结一下。当我们将财富看作客观的物质必需品时，经济学关注的核心就是财富的生产、分配和消费过程。但是随着时代的发展，当我们认为财富实际上是一种主观感受的时候，生产只不过是满足我们主观感受的一种手段，财富本身取决于我们的选择。如果你快要饿死了，那么到底是吃面包还是馒头对你而言根本就无所谓，它们都是越多越好，都是财富；相反，如果你温饱不愁，有许多美食可供选择，而你偏偏又讨厌面包、馒头，那么对你而言面包和馒头就不是财富。如何选择自己想吃的东西，而不仅仅是填饱肚子，成为你此时主要考虑的问题。过去，财富是物质必需品，劳动创造财富；现在，财富是对我们有用的东西，选择成了关键。

不知道诸位读者有没有发现，此时的"选择"不只是和我们通常所理解的经济事务有关,而是与一切生活事务有关!

确实如此,因为财富的概念本身就已经极大扩展了,自然而然,经济学需要解释、能够解释的现象也极大扩展了,扩展到了与我们欲望相关的一切生活事务。所以才有了本章开篇所引的那句话,即当代经济学巨擘马歇尔的论断:"经济学是一门研究人类一般生活事务的学问。"

经济学小知识进阶
什么是经济学的思维方式？

在许多经济学科普读物中，我们常常看到一个词组——"经济学的思维方式"。比如，"我们应该用经济学的思维方式来思考××现象……"

那么，什么是"经济学的思维方式"？

斤斤计较？不是。

效率最高？不是。

利益最大化？也不是。

"成本-收益"思维？仍然不是。

经济学的思维方式，简单来说，就是一个成语：庖丁解牛。

在阅读本章内容的过程中，不知道诸位读者注意到了没有，当我们解释经济学的两个元问题时，早期的回答颇为宏大，是从社会整体层面来给出回答——富国裕民。但是渐渐地，当我们将财富聚焦到了"效用"，聚焦到了选择行为时，这时的回答就是比较微小的、个体的。

这就是经济学的思维方式。其核心逻辑是：无论是多么纷繁芜杂的社会现象，经济学总是尝试将其一步步分解开来，从复杂到简单、从宏观层面到微观层面、从整体性问题到个体性问题，直至经济学分析可以直接触及的最基本单位——社会中的行为主体，然后再来观察、分析这些微观个体的行动特征。这个过程可以类比为"庖丁解牛"。

这一经济学最为基本的思维方式，我们用一个专门术语来称呼它，叫作"方法论个人主义"。顾名思义，就是我们通过个体（包括社会中的一切行为主体，如个人、厂商、各类社会组织以及政府）行为的角度，来理解、分析和解释社会现象。

当代经济学可以细分为微观经济学和宏观经济学。前者研究个体经济单位的行为，例如消费者、厂商，以及消费者和厂商发生互动关系的"舞台"——市场；后者研究社会总体的经济现象，例如经济周期、经济波动；等等。可是无论是微观还是宏观，方法论个人主义都是必备工具，必须对微观个体的行为做出解释，才能理解宏观经济运动。

真正的经济学通常不会醉心于宏大叙事，即便是宏大叙事，也必须有切实的微观基础作为支撑。因为经济学家相信：再复杂的社会问题，归根结底，都是社会中每个人行为的结果，而通过解释个体的行为选择，我们就能够解释世间万象。

延伸阅读

关于亚当·斯密有关经济学科研究对象的论述,参见斯密的《国民财富的性质和原因的研究》(第四篇),商务印书馆,1974年6月。

关于经济学的标准定义,参见莱昂内尔·罗宾斯的《经济科学的性质和意义》,商务印书馆,2000年8月。

最后,本章中涉及的"效用"概念,实际上是经济学界争论甚多、至今仍未有定论的内容。通常而言,为了避免争议,主流经济学对于"效用"概念采取数学处理(参见第二章"经济学小知识进阶");但是在本章中,为了让普通读者更容易理解,采取的仍然是文字描述。关于经济学界如何使用"效用"概念,有兴趣的读者可以参见乔治·J.施蒂格勒的《边际效用论的采用》,见R.D.C.布莱克、A.W.科茨和克劳弗德·D.W.古德温主编的《经济学的边际革命》,商务印书馆,2020年6月。

02
什么是权衡取舍?

鱼，我所欲也；熊掌，亦我所欲也，二者不可得兼，舍鱼而取熊掌者也。生，亦我所欲也；义，亦我所欲也，二者不可得兼，舍生而取义者也。生亦我所欲，所欲有甚于生者，故不为苟得也；死亦我所恶，所恶有甚于死者，故患有所不辟也。[1]

——《孟子·告子上》

贪夫徇财，烈士徇名，夸者死权，众庶冯生。[2]

——《史记·伯夷列传》

---

1 杨伯峻：《〈孟子〉译注》，中华书局2019年版，第293页。
2 （汉）司马迁：《史记》，中华书局点校本1959年版，第2127页。

02 什么是权衡取舍？

第一章解释了，随着时代的变化，我们对于"财富"的理解也在发生着变化，并且正因为这样，经济学也逐步从一门关注生产、消费和分配的学科，发展为解释人类一般生活事务的学问。

财富源自我们的欲望；我们有欲望，所以需要采取行动来满足欲望。那么接下来的问题就是：如何采取行动？这也就是上一章中提及的选择问题。在本章中，我们就着重来解释有关选择的问题。

日常生活中，选择无处不在。小到"柴米油盐酱醋茶"这些家长里短的琐事，大到社会公义、世界和平等关涉人类命运之事，归根结底，无不是选择问题。

就像本章开篇的引文，"鱼和熊掌""生与义""财、名、权、生"皆为选择。在上一章，我介绍了什么是"经济学的思维方式"，那么现在就请读者诸君想一想，如果运用经济学的思维方式，应该如何思考"鱼和熊掌"这个问题。

倘若按照经济学的思维方式,那么我们就暂且不要去想孟子为什么要取熊掌而舍弃鱼,更不必赞叹舍生取义的豪情壮志。我们首先应该把问题化简,还原到最基础的状态。

什么是"最基础的状态"?

最基础的状态就是选择问题本身,也就是在追问是不是应当"舍鱼而取熊掌""舍生而取义"之前,要先一步思考的问题:我为什么要选择?或者,为什么鱼和熊掌不可兼得?

看到这里,有些读者可能会质疑:这好像不是我们日常思考选择问题的方式,是不是在钻牛角尖?

不,恰恰相反。只要有可能,不放弃任何一个可选项,这才是我们日常在做出选择前最本真的状态。

难道不是这样吗?请想想我们日常的选择。当然,对于每个普通人来说,"舍生而取义"这样的选择一辈子恐怕都难遇到一回,所以我们可以切换为一个几乎所有人都要遭遇的选择:事业和家庭。试问:在这两个选项之间,你会"舍家庭而取事业"——过上劳动模范的生活,还是"舍事业而取家庭"——做一个"家里蹲"?

我想,绝大多数人的选择不会非此即彼。在特定的情况下,我们会不得不在不同的选项之间进行取舍,但是在更多的情况下,我们会选择保留多个选项。事业不顺,人皆有之;家长里短,俗务难免。尽管如此,普通人在多数时候的选择仍然是两者兼顾。这就是最朴素、最简单的想法：家庭和事业为什么不可兼得呢？

这才是生活。人生不是一道单选题，而是在不断地权衡中获取最大的幸福，也就是"权衡取舍"（trade off）。权衡取舍，才是经济学说的个体选择问题之本义。

现在我们就用"庖丁解牛"的方式，来分解我们每个人权衡取舍的思维过程。一般而言，这个过程包含三个关键要素。

第一是目标，也就是你行动的目的是什么。在"鱼和熊掌"的例子中，有两个目标——"鱼"和"熊掌"；类似地，"舍生取义"的两个目标是"生"和"义"；《史记》则引用贾谊的话，将人生目标分为四类——"财、名、权、生"。

不过，经济学在思考"目标"的问题时要单纯得多。我们通常不会对所谓的"目标"赋予过多的价值判断或意义内涵，也就是说，你选择什么样的目标，只是出于你的偏好。偏好可能源自先天因素（比如基因遗传），也可能源自后天因素（比如教育），与你的身份贵贱无关，也不代表道德修养的高低。所以，在经济学的视角下，之前例子中的"财、名、权、生"这四个目标，对于选择行为本身而言，性质是一致的，不存在传统文人思考的"重义轻利"之类的问题。在选择时，你需要考虑的，是不同的目标实现以后，可能会给你带来什么样的效用或满足感。这种效用可能是纯物质的、必需的，比如"吃饱喝足"这种每个生物都追求的目标；也可能是精神层面的、非必需的，比如通过各类艺术赏鉴活动而实现的个人素质的提升。

第二是约束条件。你选择买某样东西，你的收入可能就是你的约束条件；你选择做某件事情，你手头上可以利用的全部资源可能就构成了你的约束条件。同时，由于所有的行动都需要耗费时间，所以对于日常选择来说，时间构成了终极的约束条件：不考虑科幻小说中的情节，正常情况下，所有选择行为都要受到时间的约束。

第三是成本。成本就是代价，也就是付出，即为了实现目标你要付出什么。你要有所"得"，必须有所"失"，这个失去的东西就是成本。

以上三个要素，是任何一个人的选择过程都必须具备的，这和你学没学过经济学无关。如果你觉得自己在做出选择时好像从未思考过这三个要素，那只是因为你很少去"端详"它们。

现在就让我们想象一个日常选择的场景，来具体观察选择的三要素。我们选取一个基本上大多数普通人每天都会遭遇的选择难题：起床困难症。

当小A早上醒来时，他在想什么？假如他在想是多睡一会儿，还是立刻起床，那么他的目标就是"睡眠"和"起床"。他的约束条件，则有可能是收入、规则或者是时间本身。他的成本就是继续睡觉要耗费的时间，进一步还有因此导致上班迟到要扣的奖金……

可能有读者立刻会发现，我们在这个例子中是不是把事情想得过于简单了？因为许多人在起床的那一刻，考虑的可绝对不是"睡眠"和"起床"那么简单，会有一大堆开心的和不开心的事涌上心头……

确实是这样，但是先让我们把"目标的复杂性"这个问题暂时搁置，姑且假定，这个例子中只存在"睡眠"和"起床"两个既定的选项。

这时候首先发挥作用的就是约束条件。如果小A含着金汤匙出生，那哪怕天天睡觉也能不愁吃穿。也就是说收入这个约束条件对他来说不起作用，那么他是不是不用做这个选择，睡到自然醒就可以了？

恐怕不是。再富有的人，也还是得做出选择。因为去掉了收入约束，还有其他约束条件会起作用。正常人不会一直卧床不起，这是我们的生物本能所决定的。这种生物本能，或者说自然的规则，也是我们选择起床与否的约束条件。

除了自然规则，更多时候，人为的规则，比如"上班不得迟到"这个规则，也约束着我们是选择"起床"还是"睡觉"——至少工作日的时候是如此。在日常生活中，法律规章、风俗习惯、惯常做法等，构成了一类对我们的选择而言至关重要的约束条件。关于这一类约束条件，我们将在第十章详述。

当然，我们还可以再放宽约束条件。假设收入和规则对小A来说都不起作用，那么肯定还有一个约束条件他逃不过，那就是时间。所有的选择都需要耗费时间，而一天只有24小时，至少对生活在地球上的我们来说是这样。假如小A将全部时间花在睡觉上，那他就干不了其他事情，而只要他想到还有可能存在比睡觉更快乐的事情，那么也会被迫做出选择。

从这里我们就可以知道约束条件在选择问题中的重要性：一方面，约束条件限制着我们的选择行为；另一方面，它也是我们需要进行选择的前提。如果不存在约束条件，根本就没有所谓的选择问题。

在约束条件下，根据成本的高低，小A开始选择。当睡觉的成本高于获得的效用时，他会选择起床；反过来，如果睡觉的效用远高于要付出的成本，他就会选择继续睡。

读到这里，一些聪明的读者可能会隐约感觉有些不对。啰唆了这么一大堆有必要吗，我们的选择真有这么复杂吗？也许有关国家大事的选择的确很复杂，但是像"起床""睡觉"这类鸡毛蒜皮的小事，有必要这么较真吗？更"正常"的做法应该是这样的：被闹钟铃声闹醒，然后关掉闹钟继续蒙头大睡。这样一来，哪里有什么"成本-效用"比较？

确实如此。大多数人的做法就是这样，大事情上面反复斟酌，小事情往往没太多想就过去了。但是，无论事情是大是小，无论个人在面对选择时花费的思考是多是少，选择的逻辑始终摆在那里。就像"关掉闹钟蒙头大睡"这个举动，难道不正是说明睡觉给你带来的效用要远高于起床给你带来的成本，所以你选择睡觉而不是起床？

重大的事情牵涉利益多，遭遇次数少，所以我们会格外重视；小事情牵涉利益少，遭遇次数多，往往会被我们忽视。不过，正是无数次在日常琐事中不经意的选择，培养了我们选择的能力。绝大多数时候，我们都会不知不觉地迅速选择"关掉闹钟蒙头大睡"，以至于我们通常都不会意识到自己正在做出选择。除此之外，吃饭吃什么，马路上靠左还是靠右走，上班做什么，下班做什么，等等，所有这些你习以为常的事情，其实都是一系列复杂的选择，但你却不会感觉到。这是因为你对它们太熟悉了，它们早就成了你的肌肉记忆。当你面对相似的事情做出千万次选择之后，它们已经成为你生活习惯的一部分。只有当这些你本应该很熟悉的选择突然发生了变化，你才会注意到它们，才会因为突然感到选择困难而不知所措。

这就是"庖丁解牛"视角下的选择问题。看到这里，你会不会觉得这似乎很简单，无非就是厘清选择的三要素，然后做一下效用和成本之间的比较而已。

表面上看确实是这样的，但这只是因为我们目前的分析仅仅涉及最基础的层面。一旦你将庖丁的刀切得再深入一些，你就会发现，选择问题的每一项要素都不简单。

比如，回到之前提及的"目标的复杂性"问题。当你在某天早晨醒来，是否有过这样的经历：你真的确定自己想要什么吗？

我想，绝大多数人很多时候都难以确定自己的目标是什么，这才是正常的情形。即使有个大概的目标，也很难具体到其中的细节，更不用说估算目标实现会给自己带来的效用了。

当然，也有些人做事的目的性很强。我们常常会遇到这样的人，他们早早地为自己规划好了人生目标，将每一天、每一小时，甚至每一分钟的作息都安排得井井有条，并且严格按照预先制订好的计划做事。那么他们是不是经济学分析的选择行为的理想标准？

当然不是。首先，且不论这种机械式的人生规划是不是绝大多数普通人想要的生活目标，更关键的问题是，经济学其实不关心具体的目标内容，它真正关心的是目标实现给你带来的效用。倘若如苦行僧般的人生规划对于你而言只有痛苦——就像父母为青春期的少年制订的学习作息表那样，那么这很难说是我们的经济学能够分析的行为目标，因为它给我们带来的效用为负。效用为负的目标是不值得欲求的；不值得欲求，就谈不上选择问题。

其次，人生规划可以是一成不变的，但效用不是。不同的时间、不同的地点、不同的你——当你的想法发生变化时，同样的人生规划对你来说意味着的效用是不同的。这种变化中的效用难以把握。

所以，只要是一个正常人，只要是一个有欲求的正常人，永远不会百分之百地确定自己的目标到底是什么，这才是人生常态。

既然不知道自己想要的是什么，那么我们是不是就无法做出选择呢？我想答案应该是显而易见的——当然不是，因为你每时每刻都在做选择。

因此，即便我不确定自己想要什么，或者我只是大概地知道自己有欲求，我还是能在一定程度上做出选择。这是因为，决定你选择行为的关键，其实不是你想要什么，而是你愿意付出什么，也就是你的成本。请记住这一点。

回想一下我刚刚对成本做出的简单解释：成本是为了实现目标而付出的东西。这只是我们对于成本的日常理解。经济学中的"成本"，含义还不止如此。

现在请假想一下：你手里有30元，一杯奶茶也是30元。如果你要买一杯奶茶，那付出的成本是多少？

30元？你肯定会想到，答案绝不可能那么简单。那么再复杂一些，成本是30元加上买奶茶排队付出的时间？或者，30元、找一家奶茶店耗费的精力、排队时间、跟店员说话耗费的口舌之力？……总之，买奶茶时花费的金钱、气力和时间等所有有价值的东西，这些是不是买奶茶这个行为带来的成本？

我的回答是：它们是成本，但不是你做出行为选择时要考虑的成本。

那么你应该考虑的是什么呢?回到我刚才的问题,当我问你买奶茶的成本时,如果你反过来问我:"你怎么知道我会用30元来买奶茶呢?难道我不能去买咖啡、牛奶或者只是一瓶纯净水吗?"那么恭喜你,当你能这样反问的时候,你就不再将成本看作一种单纯的付出,而是从行为选择的角度来看待成本了。

为什么这样说?先让我来回答你的反问。我会说:你拿着30元,让你买奶茶,你却选择了买咖啡,这说明你更喜欢咖啡而不是奶茶;同样的道理,如果你还是买了奶茶,没有选择咖啡,那么说明你更喜欢奶茶。所以,喝一杯咖啡能给你带来的效用,就是你买奶茶的成本,因为你本可以用这30元买咖啡,但你却没有这样选择——你选择了买奶茶,这就意味着咖啡的效用被你放弃了。这被你放弃的效用,就是你为了做出"买奶茶"这个行为选择而付出的成本。

在经济学中,我们将这样的成本称为"机会成本",就是你放弃能够给你带来最大效用的选择机会,从而产生的成本。严格来说,当经济学使用"成本"这一术语的时候,大多数时候指的都是机会成本,即选择的成本。

好,如果我再问你:假设你现在正挠着头,费劲地读完我这一大堆看似完全废话的冗长论述,这时你付出的成本是多少?你购买这本书所付出的金钱,原本可以用来吃喝玩乐,所以成本是

02 什么是权衡取舍？

"用同样的金钱可以购买到的吃喝玩乐这些行为所能够带来的效用"吗？

不对？好，那么答案是不是这样：买书花掉的金钱、读书浪费的时间，以及其他一切在买书、读书行为中可以想得到的耗费的有价值的资源。所有这些资源加起来，有可能为你带来的最大效用，现在因为读这本书，被放弃掉了，所以这放弃掉的效用，就是读书的成本？

很抱歉，仍然不是。

不要惊讶。请注意这两个问题中的时态。"如果你要买一杯奶茶，付出的成本是多少？""你现在正挠着头，费劲地读完……你付出的成本是多少？"也就是说，在前一个问题中，当我向你提出问题时，你还没有买奶茶；而后一个问题中，你将书读到此处时，你已经买了书，换句话说，你的选择已经做出了。

接下来就是重点。前面我已经指出，机会成本是选择的成本，那么当你做出选择之后，你在做出选择之前考虑的那些成本就不存在了。你现在要考虑的，是继续读完这本书，还是坚决止损，趁着大好年华去做点别的更有价值的事情。

这就是机会成本的两个特征：第一，它是你选择某一目标后，放弃掉的其他潜在目标可能给你带来的最大效用；第二，机会成本出现在你的选择之前，当你做出选择后，这个成本就消失了。

除了这两个特征，机会成本还有第三个特征，它能部分解决"目标的复杂性"这个难题。通过了解机会成本，能够间接地明白，你想要的究竟是什么。

仍然是买奶茶这个例子。你确定你是想要奶茶，而不是咖啡、牛奶或者纯净水吗？前面说过，当我们运用经济学的方式进行思考时，根本不用去关心你想要的究竟是什么，我们只需要知道，当你愿意将这30元花在奶茶而不是其他饮料上的时候，实际上在潜意识中，你已经觉得奶茶给你带来的效用至少不会低于你放弃掉的其他选择项有可能给你带来的效用。换句话说，你的选择就替你做出了回答：你想要的是奶茶。

现实中，金钱、时间以及任何有价值的资源，都存在一个"资产专用性"的问题。也就是说，它们只能用在某一特定的用途上：30元买了奶茶就不能再买咖啡；你的时间花在睡觉上就不能再做其他事……正是这种资源使用的专用性决定了机会成本的存在。同时，当你选择将资源用在某一特定用途上的时候，不正是说明你想要的就是这种用途所能实现的目标吗？

最后，总结一下本章的内容：决定你选择的，是成本；经济学讲的成本，是机会成本；机会成本是你愿意放弃的效用，而不是你想要得到的效用；你愿意放弃的是什么，实际上表明了你想要的是什么；最后，所有这一切的权衡取舍，都是发生在你做出选择之前，因此永远不要去后悔你已经做出的选择，因为这没有用，你要考虑的，是接下来怎么做。

　　这就是经济学讲的权衡取舍，即在约束条件下如何尽可能地满足自身的欲求。权衡的关键是你愿意付出什么，你的付出其实就说明了你想要得到的是什么。

经济学小知识进阶
什么是消费者效用最大化原理？

本章论述的内容是"消费者效用最大化原理"，或者说"理性选择理论"。关于"理性选择"，标准的经济学分析是一套成熟的数学处理手段。如果你觉得前述文字的表述太啰唆，同时又具备一定数学基础，可以参考以下两种表述。特别注意：无论是前文的文字表述，还是此处两种数学表达，其含义本质上是一样的。

假设行为人小A，现在他需要做一个选择。两类物品x和y，价格分别为P_x和P_y，他的收入为I。他要如何购买，才能使自己最满意？

方法1：拉格朗日乘数法（基数效用）

构造一个效用函数：$U(x,y)$。上述问题重新用数学语言表达为：在收入约束的前提下，最大化效用函数。即：

$$\text{Max}: U(x, y)$$
$$s.t.: P_x \cdot x + P_y \cdot y = I$$

按照极大值的性质，如果上述效用函数满足一定性质（比如凸性），则可用拉格朗日乘数法取得极值。解得：

$$\frac{MU_x}{MU_y} = \frac{P_x}{P_y}$$

其中，MU_x是物品x的边际效用；MU_y是物品y的边际效用。所谓"边际效用"，即额外一单位物品带来的效用。上述式子的意思即为：当消费者在收入约束下实现效用最大化时，物品的边际效用之比等于其价格之比。这一公式又被称为"消费者效用最大化条件"或者"消费者效用最大化原理"。

方法2：无差异曲线（序数效用）

定义一条无差异曲线（indifference curve），无差异曲线上的每个点代表了给行为人小A带来同等满足程度的物品／行为组合；同时定义预算约束线，表示在购买物品／行为耗费的总支出等于收入的情况下的所有物品／行为组合。确定一坐标轴，横轴x表示物品x的数量，纵轴y表示物品y的数量。

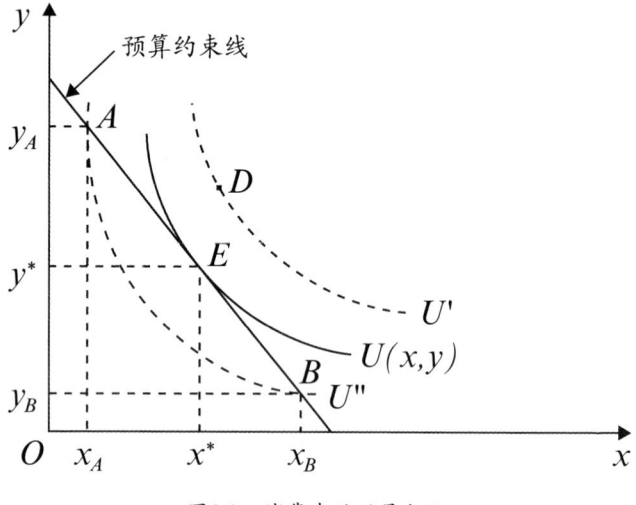

图2.1 消费者效用最大化

如图2.1所示,图中曲线U即为无差异曲线,线段AB即为收入约束线,E点即为消费者效用最大化的点。

就数学处理角度而言,方法1和方法2是完全等价的,数学证明从略。

延伸阅读

本章所讲内容，就是通常微观经济学中有关"消费者行为"的章节内容，有兴趣的读者可以参考任意一本主流的微观经济学教科书，这里推荐平狄克和鲁宾费尔德的《微观经济学》（第九版）第三章，中国人民大学出版社，2020年2月。

所谓行为的目标，经济学中更常见的用语为目标函数，目标函数通常是一个效用函数，参见本章的"经济学小知识进阶"。事实上，关于效用函数的处理一直是经济学中悬而未决的难题之一。本章最后提及的机会成本的第三个特征，实际上就是"显示性偏好"的概念。效用函数指涉的是基数效用的概念，而显示性偏好指涉的是序数效用的概念。之所以经济学中会存在两类效用概念，且如此复杂，仍然是因为人类行为内在的复杂性。对这一问题感兴趣的读者，可以参考：Fishburn, Peter C., 1970, *Utility Theory for Decision Making*, NY: Robert E. Krieger。

机会成本的概念，最早见于维塞尔的《自然价值》，商务印书馆，1982年6月。这是奥地利学派最早在关于生产理论中提出的一个概念，后被主流经济学所接纳。但由于机会成本和效用概念一样，是一个主观概念，在实际操作中很难衡量，所以经济学仍然常常用客观的会计成本替代机会成本的概念。从量化的角度来说，会计成本和机会成本常常相互重叠。但是会计成本是选择后计算的成本，机会成本是选择前估算的成本，这是二者最关键的区别。

03
什么是企业?

假如生产是由价格机制调节的,生产就能在根本不存在任何组织的情况下进行,面对这一事实,我们要问:组织为什么存在?[1]

——罗纳德·H.科斯

(Ronald H. Coase,1910—2013)

---

[1] [美]罗纳德·H.科斯:《企业的性质》,《企业、市场与法律》,盛洪、陈郁译校,格致出版社2009年版,第36—37页。

03 什么是企业？

在第二章中我们分析了选择问题。细心的读者会发现，我们的论述基本上是围绕着个体需求层面——我想要什么，我的欲求是什么——展开的，即一般教科书中说的"消费者理论"。那么如果我们从供给层面来看，个体选择行为是否有所不同呢？

从供给角度来思考经济行为，就是所谓的"厂商理论"，又称为"生产者理论"。如何分析厂商的行为选择，这是一个既简单又复杂的问题。我们仍然遵守庖丁解牛的方法，从简单的角度切入。

在上一章我们提出了行为选择的三要素，那么是否可以套用这三个要素来解释厂商行为呢？从某种程度上说，确实可以这样做。

首先是目标。我们可以假定厂商的目标是最大化企业利润，即利润最大化原则。

那么，是什么样的因素决定厂商的利润呢？答案是收益和成本。

厂商的收益，是厂商将生产的物品卖出后获得的收入。而成本，严格来讲，当然指机会成本，但是对厂商而言，机会成本的估算非常困难，所以我们通常使用生产成本。

因此，厂商的收益减去厂商的生产成本，就是厂商的利润。利润、收益和成本，构成了厂商行为选择的三要素。其中简要的数学分析，请参见本章的"经济学小知识进阶"。

读到这里，许多读者一定会怀疑，我们的分析是不是过于简单了？毕竟现实中，在思考厂商行为时，我们通常要考虑的不是抽象的"利润最大化"，而是更为具体的问题：生产什么物品；如何生产；成本怎么估算；生产出来的物品如何定价；如何卖出物品才能获得最大的收益；获得的收益如何分配……

的确如此。但问题在于，经济学无法处理具体的生产细节。经济分析能够做到的，是阐明生产的逻辑。

什么是生产的逻辑呢？经济学家首先想到的是生产的技术。

假设你是汽车企业A的经理，那么你要考虑的问题包括但不限于：总投入是多少；需要使用多少台机器；需要雇佣多少工人；只生产一种型号的汽车还是生产多款不同型号的汽车；为了提高产量，是购买更多的机器设备还是雇佣更多的工人……

作为经济学家，而不是专业技术人员，我无法告知你上述这些问题的答案。但是我可以指出，你的所有问题，归根结底就是:"投入—产出"问题。

土地、机器设备、工人等,在经济学中被统称为"生产要素",生产要素即为"投入品"。当我们投入一定量的生产要素后,得到的产品即为"产出"。整个生产过程,就是一个"投入—产出"过程。

各种生产要素具体以什么样的比例相结合,特定数量的投入品可以获得多少的产出,所有这些具体生产问题由特定的生产技术所决定,属于专业技术人员关心的问题。经济学家将这类生产细节称作"黑盒子"。而我们关注的重点,是投入和产出之间的关系。

图3.1 生产的技术

在经济学中,我们通常用生产函数来描述如图3.1所示的关系。

假设汽车企业A要生产某种产品,其投入品有两种,分别为资本K和劳动L,产出为Q,那么其生产函数为:

$$Q = F(K, L) \tag{3.1}$$

其中函数$F(\cdots)$的具体形式，比如是$2K+5L$，还是K^2+4L，是由生产的技术条件决定的——生产技术决定不同的生产要素以什么样的形式和什么样的比例投入生产。所以，严格来说，生产函数描述的是企业运作的技术可行性，因此称为"生产的技术"。

看到生产函数，一些读者一定会联想到上一章提到的效用函数。在消费者效用最大化理论中，消费者追求效用最大化这一行为受到收入函数的约束，那么在生产者理论中，是否存在对应生产函数的约束条件呢？答案当然是肯定的，这就是成本函数。

仍然是企业A的例子。假定厂商的成本为C，当前的工资率为w，资本的利率为r。和上一章假设物品x和y的价格为P_x、P_y类似，w和r就是劳动和资本的价格。

因此企业A的成本函数为：

$$C = w \cdot L + r \cdot K \quad (3.2)$$

此处要注意的是，我们的论述做了一些简化处理。

和消费者行为相比，厂商对于时间要素更为敏感。厂商的生产行为存在时间上的不一致性：有些投入是即刻可以获得回报，同时也可以随时调整的，比如劳动投入；而有些投入相对来说无法即刻获得回报，同时也无法随时调整，比如租用厂房、购买机器设备等投入。前者我们称为"可变投入",相应的成本称为"可变成本";后者称为"固定投入",相应的成本称为"固定成本"。

可变成本和固定成本的划分区别了生产理论中的"短期"和"长期"。厂商生产中的"短期"和"长期",不是指具体时间的长短,而是指厂商是否可能通过调整那些固定投入品来调整生产规模。如果厂商无法通过调整那些固定投入品来调整生产规模,我们称为"短期";反之,我们称为"长期"。在"长期"的生产过程中,由于所有投入品都能调整,就不存在"固定成本"和"可变成本"的划分。

"长期"和"短期"的区别对于厂商生产决策而言是相当重要的,但是为了分析的简便起见,我们暂且假定式子(3.2)中所有投入品数量都可以调整,即考虑"长期"生产过程中厂商的行为选择。

现在,给定厂商的成本函数,厂商要在成本约束下实现产量的最大化;或者反过来,给定厂商的生产函数,厂商要在既定产量约束下实现成本的最小化。这是一个和消费效用最大化理论相似的逻辑,即厂商的最优生产理论。数学表达为:

$$\text{Max}：F(K, L)$$
$$s.t.：w \cdot L + r \cdot K = C \quad (3.3)$$

同样，在极值情形下我们可以得到式子：

$$\frac{MP_L}{MP_K} = \frac{w}{r} \qquad (3.4)$$

其中，MP_L表示劳动投入的边际产出；MP_K表示资本投入的边际产出。式子（3.4）的意思就是：当额外一单位的要素投入获得的产出价值等于该额外一单位要素的价格时，厂商就做到了最优产出。

同样，和消费者效用最大化理论类似，我们也可以用图形的方式表达上述结论。

厂商的生产函数给定了等产量线，即由生产出同一产量的不同投入品组合形成的曲线；而成本函数给定了等成本线，即在给定成本条件下购买的资本和劳动的组合。

如图3.2所示：曲线Q即为等产量线，斜线C即为等成本线；坐标轴横轴表示劳动的投入量，纵轴表示资本的投入量；图中的A点即为厂商最优生产的点。

以上即为主流教科书中有关厂商理论的主要基础性内容。那么，上述这些描述、数学公式和图表，是否向我们揭示了企业的性质呢？

其实，诸位读者如果仔细想一想，便会发现，有关"什么是企业"这个问题，前面大段的数学论证什么都没有回答。

图3.2 厂商最优生产

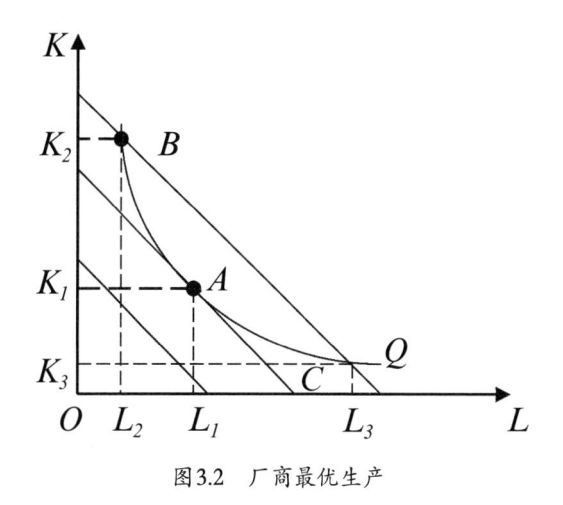

本质上，主流教科书对于企业的处理，和本书第二章对"个人"的处理一样：给定目标函数，厂商在"成本—收益"的权衡中做出选择。差别只在于：在讨论个人时，我们使用了大量不可量化的主观性概念，比如"效用"；而讨论企业时，我们换作可量化的技术性概念，比如生产函数的处理。

事实上，你完全可以这样考虑上述处理方式：某一个行为人，当他考虑消费问题时，他就是一名消费者，根据消费者效用最大化理论做出行为选择；而当他考虑生产问题时，他就摇身一变，成为生产者，根据厂商最优生产理论做出行为选择。

什么意思？是说经济学分析没有将消费者和企业区分开来吗？从行为逻辑的分析角度而言，确实是这样，我们采用相同的逻辑来处理消费者和企业。

然而这不符合事实。

消费者是个体,而企业是组织,是生产经营性的组织;组织的行为必然不同于个体。但是在很长的时间里,对于企业这类在现实经济中最广泛存在的、最重要的组织,经济学却缺乏解释。

就像本章开篇引用的著名经济学家科斯的那段话:"经济学家认为,经济体制是由价格机制来协调的,而社会不是一个组织却是一个有机体……但既然人们通常认为统筹协调能通过价格机制来实现,那么,为什么这样的组织是必需的呢?……在企业之外,价格变动决定生产,这是通过一系列市场交易来协调的。在企业之内,市场交易被取消,伴随着交易的复杂的市场结构被企业家所替代,企业家指挥生产。显然,存在着协调生产的替代方法。然而,假如生产是由价格机制调节的,生产就能在根本不存在任何组织的情况下进行,面对这一事实,我们要问:组织为什么存在?"[1]

这是时年24岁的科斯在他的代表作之一——《企业的性质》("The Nature of the Firm",1934)一文开篇写下的话。三年之后(1937年),文章发表,又过了三十多年,经济学家才注意到此文的重要性。这篇文章不仅首次尝试回答"什么是企业"这个

---

[1] [美]罗纳德·H.科斯:《企业的性质》,《企业、市场与法律》,盛洪、陈郁译校,格致出版社2009年版,第35—37页。

问题，更开启了有关"组织内部的生产安排"，即企业理论的大量研究。

科斯当年想到的，是一个被经济学忽视的问题。自从现代经济学诞生以来，经济学家的主要任务一直是解释市场经济的运作机理。主流观点认为：通过价格机制，市场调节着资源配置，组织着生产，进行着收入分配。（关于市场机制，参见本书第五章。）可问题是，既然市场可以通过价格机制来解决生产问题，为何现实中大量的生产活动仍然需要通过企业这类组织来完成呢？

我们还是用一个具体的例子作为说明。仍然是前述的汽车企业A的例子。现在，假设企业A生产汽车需要使用各种配件，其中一个重要的配件是车身。此时，A企业面临两种选择：自己生产车身，或者从其他汽车零部件供应商那里购买车身。它应该如何选择？或者说，是什么样的因素决定企业A的选择？

这两个选择中，"自己生产"，就意味着A选择在企业内部，通过组织的形式进行生产安排；"从其他汽车零部件供应商那里购买"，就意味着A选择通过市场机制来解决生产问题。很明显，在现实中两个选项都存在。可是，如果我们能够解释为什么企业会选择自己生产，就等于解释了是什么样的因素让我们决定通过企业这种组织进行生产，进而也就解释了企业的性质究竟是什么。

这就是当时刚刚就读于伦敦经济学院商科的科斯所想到的问题。科斯利用获得奖学金的机会，到美国待了一年。在美国，他考察了许多大企业，其中就有福特汽车公司。当时的福特汽车公司恰好收购了费雪车身制造公司，由购入汽车车身改为自行生产。因此，科斯就想搞清楚，在"自己生产"和"从市场中购买"这两个选项之间，企业是出于什么样的理由做出"自己生产"这个决策的。

和我们之前说的一样，经济学家不是技术人员，对于企业的具体生产行为，当时还是一名学生的科斯是一窍不通的，但是他天才的头脑意识到一点：和个人的行为选择一样，企业在做出具体决策时，首要考虑的因素是成本。所以，科斯查阅了一大堆企业的会计账簿。最终，按照科斯的自述，他在1932年的夏天找到了问题的答案："我意识到使用价格机制是要花费成本的。"[1]

在科斯看来，"自己生产"和"从市场中购买"这两个选项的背后，隐含的是两种资源配置的方式。前者是通过企业内部组织生产，这是一种类似中央计划的资源配置方式，即在企业内部，员工和老板之间的关系类似一种科层制的行政管理模式，生产则通过上下级之间的管理展开。后者则是标准的通过价格机制配置资源的方式。

---

1 [美]罗纳德·H.科斯：《生产的制度结构》，《论经济学和经济学家》，罗君丽、茹玉骢译，格致出版社2010年版，第9页。

关键的问题是，任何一种资源配置手段都是有成本的。通过市场配置资源，我们需要付出一系列发现价格的成本。比如搜寻合适的价格，讨价还价，签订契约，以及监督契约执行……都需要付出成本。而企业内部通过计划方式来配置资源，也需要付出管理成本，但与此同时，却可以节约某些使用价格机制配置资源而产生的成本。例如，当员工签订劳动合同，受到企业雇佣之后，其生产出来的产品直接归属企业，就省去了搜寻价格、讨价还价的成本。

此时，对企业来说，"自己生产"还是"从市场中购买"，关键在于哪个选项需要付出的成本较低，"市场的运行是有成本的，通过形成一个组织，并允许某个权威（一个"企业家"）来支配资源，就能节约某些市场运行成本"[1]。

这就是企业这类组织存在的实质：为了减少使用价格机制配置资源而产生的某些成本。简言之，企业的存在，就是在两种可相互替代的资源配置手段之间的一种选择行为的结果。

那么是否可以认为，因为企业能够消除某些使用价格机制而产生的成本，所以企业越大越好？

当然不是，因为利用计划方式配置资源也是有成本的。企业规模变大，相应的内部管理成本会急剧上升，最终，利用计划方

---

[1] ［美］罗纳德·H.科斯：《企业的性质》，《企业、市场与法律》，盛洪、陈郁译校，格致出版社2009年版，第40页。

式产生的成本会超过利用价格机制产生的成本。这时企业如果继续扩大规模，就会得不偿失。

因此，"企业的扩大必须达到这一点，即在企业内部组织一笔额外交易的成本等于在公开市场上完成这笔交易所需的成本，或者等于由另一个企业家来组织这笔交易的成本"[1]，这就是企业的边界。

最后要注意的一点就是，上述论证很容易令人产生误解，认为企业和市场似乎是两种对立的资源配置的方式。其实不然，从企业内部组织生产的方式而言，企业的确是一种替代型的资源配置的方式，但它和市场绝对不是对立关系。相反，正因为企业节约了某些市场运行的成本，所以它才是市场经济最重要的补充形式。在市场发达的地区，由于市场运作的复杂性，必然会产生一系列成本，所以越是市场发达的地区，企业的存在就越是必要。因此，在发达的市场经济体系中，我们常常会见到一些超级大企业，它们的存在逻辑和计划经济中大型国有企业存在的逻辑是完全不同的。

这就是科斯关于企业性质的探讨。现在我们可以回到本章最开始的那个问题了。什么是企业？企业就是一种组织生产、配置资源的替代形式，它之所以会存在，是因为我们通过市场来配置

---

[1] ［美］罗纳德·H.科斯：《企业的性质》，《企业、市场与法律》，盛洪、陈郁译校，格致出版社2009年版，第42页。

资源是有成本的。

那么，这一回答解决了有关企业的全部问题吗？当然不可能。请想一想：在企业内部，员工听从老板的生产命令，难道不是雇佣合同所规定的吗？同理，企业内部的一系列生产行为，包括获得原材料、生产专属的产品、获得产品所有权，以及最后将产品对外进行销售，这些行为不都是由一系列契约所构成的吗？那么是否可以认为，所谓"企业"，本质上就是一系列契约构成的集合体？

这就是经济学家张五常对科斯的企业理论提出的质疑。[1]虽然上述质疑有些过于极端，但至少说明，对于企业这类组织，还存在许多问题需要我们进一步做出澄清。

最后，总结一下本章的内容：主流经济学通常从"生产的技术"解释企业的行为选择；此时企业行动的逻辑和消费者一致，都是在"成本—收益"的权衡中做出选择；然而，企业的实质是一种组织生产、配置资源的替代形式，它之所以能够存在，是因为我们通过市场来配置资源是有成本的。

---

[1] Cheung Steven N., "The Contractual Nture of the Firm", *Journal of Law and Economics*, vol. 26, no. 1, 1983, pp. 1–21.

经济学小知识进阶
什么是利润最大化？

假设企业A的目标是最大化利润π。假定成本函数为$C(Q)$，边际成本为MC；产量为Q，产品价格为P。收益函数$R(Q)=QP$，边际收益为MR。可得：

$$\pi = R(Q) - C(Q) \qquad (3.5)$$

按照求极值条件，一阶导数等于0，二阶导数小于0，可得：

$$\frac{d\pi}{dQ} = \frac{dR}{dQ} - \frac{dC}{dQ} = MR - MC = 0 \qquad (3.6)$$

$$MR = MC \qquad (3.7)$$

当厂商获得利润最大时，边际收益等于边际成本。$MR=MC$，即为厂商利润最大化条件。

图3.3 厂商利润最大化

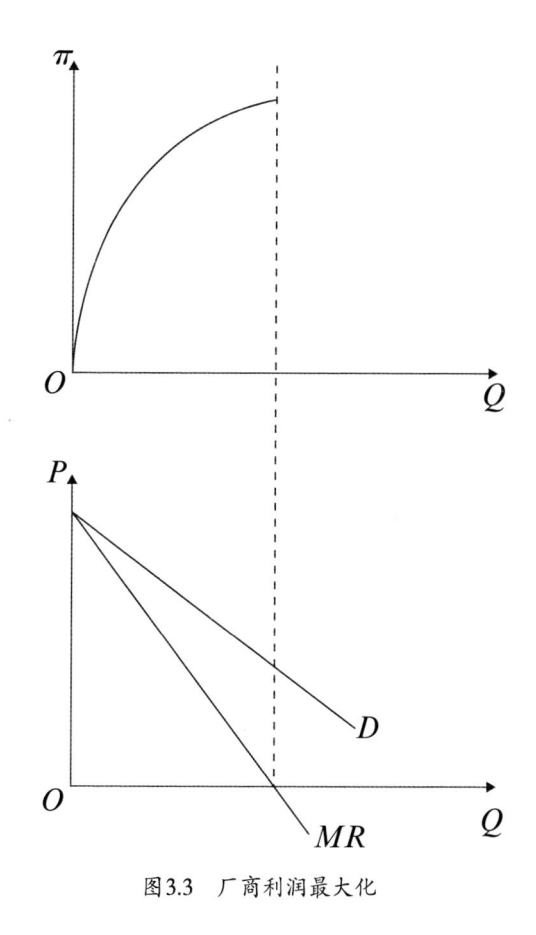

如图3.3所示,假设厂商的边际成本$MC=0$,因此当边际收益$MR=0$时,利润π达到了最大值。

延伸阅读

本章所讲内容，就是通常微观经济学中有关厂商的"生产理论"和"成本理论"的章节内容，有兴趣的读者可以参考任意一本主流的微观经济学教科书，这里推荐平狄克和鲁宾费尔德的《微观经济学》（第九版）第六章和第七章，中国人民大学出版社，2020年2月。

本章提及的科斯的理论，可以参考科斯《企业的性质》一文，最后提到的张五常的观点，可参看《企业的契约性质》一文，同时对企业理论感兴趣的读者也可以参阅阿曼·阿尔奇安和哈罗德·德姆塞茨所写的《生产、信息成本和经济组织》一文，以获取更多有关企业理论的信息。上述三篇文章都收入于盛洪主编的《现代制度经济学》（上卷），北京大学出版社，2003年5月。

04
什么是理性选择?

凡是合乎理性的东西都是现实的；凡是现实的东西都是合乎理性的。[1]

——黑格尔

（Georg Wilhelm Friedrich Hegel，1770—1831）

---

[1] ［德］黑格尔：《法哲学原理》序言，《法哲学原理：或自然法和国家学纲要》，范扬、张企泰译，商务印书馆1961年版，第11页。

04　什么是理性选择？

在第二章、第三章中，我们集中介绍了个体的行为选择，这一理论通常称为"理性选择"理论。

"理性选择"，并非经济学的发明，而是源自哲学界。但是在经济学成为显学之后，理性选择方法才开始在社会科学理论中大行其道。不过凡事过犹不及，在经济学过分强调，甚至是滥用理性选择方法后，便出现了越来越多质疑的声音。

比如第二章中介绍的选择的三要素。我相信许多读者一定会有一大堆问题，其中特别有两个问题是多数人会想到的：第一，日常生活中，我们是不是真的以这样的方式采取行动；第二，如果按照经济学说的这种方式去做，每个人就一定会得到他想要的结果吗？

其实不光是诸位读者，这也是许多专家学者，甚至包括经济学家自己，对理性选择理论提出的质疑。

在此我首先给出上述两个问题的答案。对于第一个问题，通常而言，只要是一个正常的人，那么大多数时候我们确实是按照经济学所描述的这种方式来行动。只不过就像第二章提到的，我们在权衡取舍的过程中，并不会有明确的三要素概念，这些概念本身只是为了描述我们的选择过程而服务。对于第二个问题，很不幸，按照经济学描述的这种方式采取行动，并不一定会让我们得到想要的结果。

似乎感到哪里有些不对，是不是？没错，如今市面上流行的经济学通识读物大多会宣称，学一些经济学的思维方式会带来怎样的好处，或是让你获得怎样的成功。但是我在这里要讲的却是一个"悲伤"的故事：经济学的思维方式不一定会为你带来好处，但是你的生存本能却会迫使你以这样的方式生活。为何会如此，且让我们具体分析。

首先是第一个问题：是否按照经济学描述的方式采取行动。这个问题在学界有一个更为专业的表述："经济人"假设。请注意，"经济人"是指经济学定义的人，而不是指股票经纪、房产经纪，或者明星艺人身后的那些文化经纪。

"经济人"假设是理性选择理论中相当重要的概念，同时也是一个备受批判的概念。

对于普通人来说，即便不知道"经济人"这个概念具体指的是什么，你也不会对这个概念背后的含义感到陌生。英国大文豪查尔斯·狄更斯的名字你应该听说过吧？那句在中文作品中被模仿过无数次的名言——"那是最美好的时代,那是最糟糕的时代"——就是他著名的作品《双城记》的开篇。可是你大概不知道,在狄更斯笔下,那个"最糟糕的时代"之所以糟糕,原因之一就是在那个时代诞生了经济学。在他看来,经济学本身和经济学家们的主张代表着"这个时代最邪恶和最可憎的恶行"[1]。

这是狄更斯在另一本小说《艰难时世》的后记中写下的话,在这本书中,他又以两名经济学家为原型[2],塑造了一名经典的反面人物——葛雷梗。这是一位天天盯着度量衡、背着乘法表、算计得失的人物。在他眼中,人与人之间的一切关系都可以折算为金钱,连自己的子女都是筹码,人世间一切浪漫的、富于诗意的东西都被冷冰冰的利益计算所淹没。除了葛雷梗,莎士比亚《威尼斯商人》中放高利贷的夏洛克,巴尔扎克《人间喜剧》中的葛朗台、高老头,钱锺书《围城》里的李梅亭,可以说都是文学作品里的著名"经济人"形象。

文学作品反映的是大众印象,在大众印象中的"经济人"是一个贬义词,这代表一种观点:我们怎么可以按照经济学描述的那种方式生活呢?总的来说,人们反对"经济人"的理由大致有

---

1 Dickens, Charles, *Hard Times*, George Ford and Sylvère Monod, New York: W. W. Norton, 1990, p. 275.
2 这两位经济学家分别是马尔萨斯(Thomas Robert Malthus,1766—1834)和老穆勒(James Mill,1773—1836)。

两个：第一，我们的生活中有许多美好的东西是无法用金钱来衡量的，比如亲情、友情和爱情，比如作为一个人的尊严；第二，人不是理性的动物，不可能每时每刻都在计算自己的利益得失。

这两个理由中，第一个理由很容易反驳，尤其在我们反复解释了个体的选择行为之后，这样一种带有浪漫主义色彩的批判应该再也不能唬住你了。我们的行为追求的是效用，不是金钱，如果钱不能让我们的效用得到满足，还不如废纸一张。而效用因人而异。有些人认为有钱就能获得最大的满足；有些人觉得亲情、友情和爱情，这些精神上的满足更重要；还有些人会追求更崇高的满足，比如仰望星空、探寻内心的道德法则；等等。你追求什么样的效用，经济学不会干涉，甚至所有这些从物质到精神的满足感你都想拥有，从个人选择的角度来说，也是可以的，只要你愿意付出相应的成本。所以说，"经济学教人变成了金钱的奴隶"，这样的批评毫无道理。但是有一点，经济学不会教你"应该"去追求什么。追求什么是你自己的选择，经济学不做任何说教。

但是乍看之下，第二个理由可能会让人觉得很有道理——不要说你觉得有道理，连许多经济学家都觉得有道理。现如今，反对"经济人"假设反而成为经济学界一种"政治正确"的做法。例如某位经济学家在获得诺贝尔经济学奖之后，时常在国内各处演讲。伴随着高额的出场费，他的演讲主题却永远都不会变，那就是：人的行为是非理性的，我们的市场，特别是金融市场的繁荣，是一种非理性繁荣。

可是，我想请你再想一想，"人的行为是非理性的"，这句话究竟要表达什么？是说我们每个人在日常生活中表现得像个疯子一样吗？难道我们这个社会是个疯人院？

当然，如果我们用一种超脱的、愤世嫉俗的或者富有哲理的眼光来看待社会，这样讲也说得过去。不过，既然你我都是凡人，不如还是用一种惯常的视角来考虑这个问题。

当经济学家说"人的行为是非理性的"时，常常会用一种投资现象作为例子，那就是菜市场大妈跟风买股票的故事。大意就是当股票市场处于牛市的时候，许多不懂股票的人看到别人赚钱，也会一窝蜂地入市买股票。而在经济学家看来，这属于典型的非理性行为，因为这些人的行为建立在虚假的预期上——相信自己一定能赚到钱，因为别人都赚到了钱。所以经济学家说，如果连对什么是股票都一窍不通的菜市场大妈都开始买股票了，这说明市场过度繁荣，金融泡沫即将破灭，明智的投资者这时应该及时将资金撤出。

然而故事终究是故事，事实永远在打着那些自以为是的专家的脸。统计数据告诉我们：买股票的菜市场大妈不在少数，而且这些连K线图是什么都不知道的大妈也不一定会亏钱；在股市动荡时期亏得最惨的，反而常常是那些"专业人士"。

菜市场大妈的行为，是一种典型的随大溜行为。什么是随大溜行为？简单来说，就是当有人问你"为什么要这么做"，你会回答："因为别人都这么做。""不知道自己应该做什么，看别人都在做类似的事，于是自己也跟着做。"这样的事我相信每一个人都干过，而且次数还不少。从下馆子点什么菜，到毕业找什么工作，很多时候我们都会选择随大溜。

随大溜的做法给人的第一感觉好像是不理性的，因为你说不出这样做的理由，这似乎证明了你做事不经大脑，只是看别人怎么做，你就跟着做。但是要注意的是，其实存在着两种本质上不同的随大溜行为。

其中之一通常被称为"集体行动"。集体行动是无法用理性与否进行评价的，因为决定集体行动的，是"意志"（will）。集体行动并非本书的主题，所以我们暂且略过不谈。在此只需简要指出，在集体行动的过程中，前述的选择三要素皆不存在。

我们在此要考虑的是另外一种随大溜的行为：模仿。请你再仔细想想，"看着别人怎么做你就跟着做"，不就是一种模仿学习行为吗？从小到大，当你学习一项新本领的时候，不都是看着老师怎么做，你跟着做吗？

从经济学的角度来思考，模仿这类随大溜行为是一种降低成本的行为选择。

请回想一下，我们之前说的成本是什么。成本是你放弃掉的效用，因此它具有和效用一样的主观性。也就是说，做一件事情要付出的成本大小，仍然取决于你的看法。还是第二章那个买奶茶的例子。小A和小B，都愿意不买咖啡而买奶茶，他们放弃掉的咖啡所能带来的效用，就是为了买奶茶而要付出的成本。但是你有没有想到，他们两人付出的成本大小，有可能是不同的？如果小A既喜欢奶茶也喜欢咖啡，而小B特别讨厌咖啡，显然同一杯咖啡，对二人来说，带来的效用是不一样的。在小A的主观感受中，咖啡效用更高，因此他为了买奶茶而付出的成本显然要高得多。

想明白这点以后，我们再把这个例子变得复杂些，如果小A从来没有喝过奶茶，也没喝过咖啡，那他该怎么选？

我们的主观感受来自对事物的了解，所以成本的主观性意味着，你先要明白自己准备放弃掉的究竟是什么，才能估算出要付出什么样的成本。如果你连行为选择的对象是什么都不清楚，那效用和成本根本无从谈起。

这就是不确定性问题。不确定性是我们每个人在日常的选择行为中经常会遇到的困难。面对这个世界，我们每个人都是无知的。即便是在这个可以通过搜索引擎查找各种信息的互联网时代，我们每天也会不断地遇到新事物、新情况，不知道自己的行为会带来什么样的效用，不知道该为此付出什么样的成本，这时我们就会手足无措。

解决不确定性最有效的方法，就是学习。多读一些有益的书籍，获取新知识，对这个世界的了解就会多一些；未知的东西变成了熟悉的内容，估算成本的难题也就有了解决方案。

但问题在于，学习本身也是要付出成本的，有时候成本还很大。所以人类在漫长的进化过程中锻炼出一项本领，能够让自己以较低的成本来处理不确定性问题，这就是"模仿"，也就是随大溜行为。

小A从没喝过奶茶和咖啡，这不是问题。当他发现小B以及小B周围的人都去买奶茶的时候，他会想到，这至少说明对大多数人来说，为了奶茶而放弃掉咖啡是值得的。只要小A不想做一个特立独行的人，那么他一定会选择买奶茶。

所以说随大溜不仅不能说是非理性行为，相反，身处一个充满不确定性的世界中，这是知识有限、信息不足的个人，所能做出的最为明智的选择。就像老话说的，"三个臭皮匠，顶个诸葛亮"。一群人了解的知识、掌握的信息，肯定比一个人多；对于个人来说不确定的情况，对于群体来说，由于信息的丰富，可能变得更加确定。追随群体的行为，不仅节约了学习的成本，而且还能让个人做出最有可能符合自身利益的选择。

菜市场大妈跟风买股票的行为就是如此，这是她们作为知识、能力和信息都有限的个人，所能做出的最理性不过的选择。

现实生活中，这样的随大溜行为其实随处可见。在上海街头,经常会有些爷叔、阿姨,看见一家店门口排长队就跟着去排队,尽管他们很可能连这家店卖什么都不知道。在杭州,有一种习俗叫"杭儿风",说的就是杭州人突然之间一股脑儿都去做某件事。现如今时不时冒出来的网红店、网红爆品,以及"跟着网红主播买买买"的风潮,归根结底都是互联网时代的随大溜。对于个人选择来说,买什么东西、做什么事其实不是重点,重点是如果其他人都这么做,那么我这么选,大致也不会错。

听到这里,你一定会想到:随大溜难道真的不会出错,会不会带来更糟糕的结果?当然会!这就是第二个问题的答案:理性选择不一定会带来你想要的结果。人类的特点之一,就是我们每个人既是相似的,又是独特的。别人都喜欢的东西,未必是你想要的。所以小A可能会觉得奶茶实在难喝;菜市场大妈或许会血本无归;我们跟着主播买买买,到头来却恨不得"剁手"。随大溜不能保证会有好结果。

但是请注意,如果你反过来问这个问题:不随大溜,特立独行、我行我素,就一定会有好的结果吗?答案同样也是否定的。这个世界上只有全知全能者才能保证自己的选择不会错。我们都是凡人,考虑得再多,总归有些因素没想到,总会"大意失荆州"。同时别忘了,我们的喜好还常常在变化,也许在做选择之前我们想要的结果,在做出选择之后,反而变成了我们讨厌的东西。

但所有这一切都改变不了一个事实：我们仍然在选择，在效用和成本的比较中权衡取舍。

莫以成败论英雄，莫以输赢言理性。理性与否在于选择的过程，而不是选择的结果。只要在选择的过程中我们做出了权衡取舍，那就是理性选择。

"政治经济学对人做出了一个专断的定义，个人总是在他们既有的知识范畴内，以最少的劳力和物质牺牲，获取最多的需要、便利和享受。"[1]著名经济学家，同时也是知识最为广博的理论家约翰·斯图亚特·穆勒（John Stuart Mill，1806—1873）写下的这段话，就是"经济人"概念的起源，同时也是经济学对于理性选择的理解。

好，到此为止我们大致将经济学分析的行为选择介绍完了。总结一下：日常生活中，每一个普通人都会在效用和成本的比较之中，进行权衡取舍；决定选择的是成本，而成本是主观的，它是我们为了实现目的而放弃的效用；当面对不确定的情况时，我们会采取一种成本较低的选择方式，这就是随大溜；但凡能够以效用和成本进行解释的行为，都是理性的，但是理性的行为不意味着好的结果。

---

[1] Mill, John Stuart, "On the Definition of Political Economy; and on the Method of Investigation Proper to It", in John Stuart Mill, *Essats on Some Unsettled Questions of Political Economy*, Kitchener: Batoche Books, 2000, p. 101.

以上就是我们的行为逻辑,无论你学没学过经济学,你都会这么做。因为在千万年的进化过程中,"以最少的代价获取最多的享受",已经变成我们生存本能的一部分。这就是"经济人",同时,这也是最基本的人性。

经济学小知识进阶
什么是理性？

一旦论及理性选择理论，便会牵涉一个与其密切相关的概念：理性。要注意的是，在哲学史上，经过两千多年的流变，"如何界定'理性'"早已成为一个异常复杂难解的命题，同时，这也属于哲学而非经济学需要着重讨论的话题。所以在本章论述中我们并未提及"理性"的定义问题。

不过，在此我们可以扼要地提及这个概念的起源和演变。

现代意义上的"理性"一词起源于一个古希腊词语：逻各斯（λόγος）。在古希腊语中，逻各斯是一个和"语言"相关的词，意指词语（word）、言说（speech）、叙述（account）、谈话（discourse）等。简言之，"逻各斯"表达了一种借由语言呈现思想的事态。经过古希腊哲人赫拉克利特以及后世哲学家们的不断演绎，"逻各斯"逐渐成为西方哲学中的一个核心词，用以表达人类思想的一种状态。其中，像柏拉图和亚里士多德这些哲学家，强调由"逻各斯"概念阐发而来的比例关系、计算能力，这就形成了我们通常说的"理性"概念，即rationality。这种与计算相关的理性能力，也是我们通常在提到"经济人"概念时首先想到的经济理性。然而除此之外，还有一层理性含义，即我们在理解外在世界时，常常需要为我们认知的对象寻找一种"理由"，这就是"合理性"（reason）。这也就是本章开篇所引黑格尔那句名言的含义："凡是合乎理性的东西都是现实的；凡是现实的东西都是合乎理性的。"

结合理性的两层含义之后，我们就可以发现，理性赋予我们的，不仅仅是一种利益计算，同时还向我们揭示出这个世界的意义。因此，理性是人之所以为人的关键特征之一。

延伸阅读

本章讨论的"经济人"概念,出自穆勒的《论政治经济学的定义及政治经济学恰当的研究方法》,参见穆勒的《论政治经济学的若干未定问题》,商务印书馆,2016年3月。

本章最后讨论的理性问题,有兴趣的读者可以参考两本著作:(1)埃尔斯特的《尤利西斯与海妖:理性与非理性研究》,上海财经大学出版社,2021年7月;(2)埃尔斯特的《解除束缚的尤利西斯:理性、预先约束与约束研究》,上海财经大学出版社,2021年7月。

05
什么是市场经济?

天下熙熙，皆为利来；天下攘攘，皆为利往。[1]

——《史记·货殖列传》

---

[1]（汉）司马迁：《史记》，中华书局点校本1959年版，第3256页。

在第二章到第四章中,我们介绍了行为选择,包括个人(消费者)和组织(企业)的行为选择。那么现在还留有一个问题:企业和消费者之间如何互动呢?

这个问题是不是有点莫名其妙?什么叫"如何互动"?难道不就是企业生产商品,消费者购买商品?

表面上看确实是这样,但是诸位读者将本书读到此处,你们一定会想到,经济分析的任务就是透过常识性的表象,看看背后的东西。因此,当我们了解了行为的逻辑之后,就应该再来审视一下,无数个体的行为相互交织在一起,又会摩擦出什么样的火花。

到目前为止,我们在解释行为选择的时候,其实都是在说,"你"在什么样的情况下,会做出什么样的选择。潜台词是:其他人的选择与你无关;你的所有选择都是在向自然讨生活,从大自然中索取自己所需,自给自足。这种情境,经济学称为"自然经济"。

但是现在我们要考虑另一种情境——"孤岛经济"。如果你读过《鲁滨孙漂流记》，就明白"孤岛经济"这个词要表达的意思了。

我们就以鲁滨孙·克鲁索荒岛求生的故事为例。一开始鲁滨孙独自求生，他做出行为选择的逻辑可以概括为：在各种具有不同用途的稀缺手段的约束之下，如何以最少的成本获得最多的效用，也就是如何最有效率地生存下去。

接下来，鲁滨孙遇到了"星期五"，也就是原著中的那名土著。此时两人都是"经济人"，他们的行为选择会发生怎样的改变呢？

让我们抛开原著，来假想一下两人相遇的情境。简单来说应该有三种可能性：一是两人假装没看见对方，当作陌路人；二是两人打起来，抢走对方身上值钱的东西；三就是两人合作。

第一种情况，两人的行为和原本的"自然经济"没有区别，他们仍然是各行其是，向大自然讨生活。

但是这样的状态显然不可能长久地持续下去，除非小岛很大，双方老死不相往来，否则总会发生交集。当关涉各自的利益时，就有可能会出现第二种情况：冲突。从经济学的角度来看，冲突行为很重要，但它不是常态而是特例，因为打架是要付出成本的，而且这个成本有时候会变得无穷大，也就是出现死亡。这显然是"经济人"要尽量避免的事情。

05 什么是市场经济？

所以，最普遍的情形应该是双方以和平的形式各自满足自身的需求，也就是鲁滨孙雇佣了"星期五"：鲁滨孙出钱，"星期五"出力。这种关系，是合作关系——一种我们称为"交换"的合作关系。

因此，当两名"经济人"相遇时，他们各自的生产和消费行为会相互交织在一起，最有可能发生的是"交换"，也就是相互交易。

"天下熙熙，皆为利来；天下攘攘，皆为利往。"这熙熙攘攘、利益往来的情形，一定会让你联想到一种最常见不过的现象，这就是"市场"。没错，当一群"经济人"聚到了一起，就出现了市场。

作为普通人，根据日常生活的经验，我们通常都会觉得，交换，或者说交易，也就是买卖商品，是市场最重要的特征。所以市场就是买卖商品、进行交易的场所，这应该是大多数人对于"市场"这个词最直白的理解。

这样的理解没有错，许多流行的经济学教科书里也正是这么写的。但请诸位再仔细想一想，有没有感觉缺了些东西？

根据考古材料，人类已知的商品交换的历史可以追溯到万年以前。[1] 只要有交换，无疑就可以形成市场，可是前现代世界的市

---

1 Barbier, E. B., "The Origins of Economic Wealth", in *Nature and Wealth*, London: Palgrave Macmillan, 2015, pp. 9–30.

场和现代世界的市场是否本质上是同一类型呢？为什么历史学家一般认为现代市场经济是16世纪以后的产物？[1]除去商品买卖这一大家熟知的功能，现代市场经济难道还有什么特质，是前现代世界的市场不具备的吗？经济学家常常三句话不离市场，说市场如何如何重要，可是如果说市场只不过是个买卖商品的场所，它的重要性又体现在何处呢？

显然，事情没有那么简单，市场并不只是一个买卖商品、进行交易的场所。

经济学家说市场很重要，其主要理由之一是将市场看作一种配置资源的手段，而且是有效率的资源配置手段。第三章中，我们在讨论企业的性质时，就提到了这一点。

什么是"资源配置的手段"？请诸位读者想象一个交通繁忙的十字路口，熙熙攘攘、人来车往。这些人流、车流就像是流通中的资源，如果大家都顺利地通过十字路口，前往各自的目的

---

[1] 伴随着地理大发现和全球贸易体系的建立，社会的经济结构发生了根本性的变化，正如布罗代尔（Fernand Braudel, 1902—1985）所言，"十五至十八世纪之间的物质生活是以往社会和以往经济的延伸；经过缓慢而细微的演变，这一社会和这一经济在自身基础上，带着人们猜得到的成果和缺陷，创造出一个更高级的社会，而原有社会和原有经济势必承受高级社会的重负"。因此通常将现代市场经济的出现定在16世纪前后。参见［法］布罗代尔：《15至18世纪的物质文明、经济和资本主义》（第一卷），顾良、施康强译，生活·读书·新知三联书店2002年版，第26页。同时参见［美］乔伊斯·阿普比尔：《无情的革命：资本主义的历史》，宋非译，社会科学文献出版社2014年版，第1页。

地，那么这就好比资源流入了需要它们的生产、消费领域。这就是所谓的"资源配置"。

可是怎么能保证所有的车辆、人员都能有条不紊地顺利通过十字路口呢？如果大家都争先恐后，想要自己先走，那么结果可想而知：人和车挤作一团，交通瘫痪。所以，要维持十字路口的交通秩序，必须有一个装置：红绿灯。类似地，市场之所以能成为有效的资源配置手段，也是因为它拥有这么一个装置：价格机制。

价格机制就是市场配置资源的交通信号灯，引导资源流入需要它们的领域。价格的变化反映出哪些行业资源不足，哪些行业资源过多。如果某行业商品价格上升，说明人们的需求意愿强，供给不足，那么相应的资源流入该行业，增加供给就是有利可图的；反过来，如果价格下跌，说明商品缺乏需求，产能过剩，此时过剩的资源就应该转而流入其他利润更高的行业。就这样，根据价格机制这个信号灯的指示，通过市场交易，资源流通到需要它们的人手里，才有可能发挥出最大的价值。

直到这里，诸位读到的，其实都是标准的经济学教科书中的内容。翻开任何一本主流的微观经济学教科书都能看到类似的内容。然而本书显然不那么主流，因此在这里我要说：上述观点已经落后于这个时代了。

将市场视为一套通过价格机制来进行资源配置的手段，该观点背后隐藏的核心理由，其实就是认为价格机制能够解决信息难题。

想一想，为什么价格变化能够起到调节资源流通的效果，当然是因为它传递了信息。什么样的信息？有关消费者需要什么样的产品的信息，以及有关生产者需要什么样的资源来生产相应的产品的信息。

之前，我们在讨论行为选择时就提到，我们的行为以效用为目标；同时我也说过，要知道自己究竟想要什么是一件很困难的事。既然消费者本人都很难说清，那么生产者又如何能知道消费者需要什么呢？现在，经济学家通过市场经济，给出了一个答案：价格。

价格的变化，反映出人们需求意愿的变化，所以部分地表达了人们的主观效用。这样生产者能够以价格信号为依据来生产人们想要的产品，而消费者的欲求也能因此而得到满足。

所以，说市场是资源配置的有效手段，实际上就等于是说它通过价格机制解决了信息难题——有关人们主观欲求的信息难题，从而配置资源，满足了人们的需求。

这样的观点有错吗？

没有错。但是，在我们这个时代各种日新月异、令人眼花缭乱的技术进步的裹挟之下，上述观点很容易让我们产生这样的联想：市场是否会被技术进步所淘汰？

05 什么是市场经济？

试想：现如今这个人工智能、数据挖掘、超级计算机肆意横行的互联网时代，人类处理信息的技术得到了迅猛发展，我们还能否确信市场才是解决信息难题的最佳手段？

对此，我想即便我们不能明确地给出否定的回答，至少也应该多打几个问号才对。

因为，我们只需拿出自己的智能手机，手机里面的各种App消息推送便扑面而来，它们比我们自己还要更了解我们的需求。这时候，这些高科技难道不能取代价格机制，甚至取代市场经济，成为进行资源配置的最佳手段吗？

通俗地说，在这个时代，"一位马爸爸比所有女生都更懂得女人们需要什么，另一位马爸爸比所有亲爹娘都更懂得小朋友们需要什么"。如今只需将你的聊天记录、浏览记录、购买记录传输到千里之外的服务器上，经过大型计算机结合各类人工智能算法的处理，就可以在毫秒之间获得原本需要依据价格信号、通过复杂的市场交易来传递的信息。

互联网信息处理技术拥有市场价格机制不具备的优势：迅速、快捷和精确。

比如新冠疫情暴发时，口罩价格飞涨。当时，有很多人指责口罩涨价是"发'国难财'"，认为不仅价格信号没有起到引导资源配置的作用，甚至连整个防疫物资市场都失灵了。

这种说法本身当然是错误的。持有这类观点的人没有考虑到，如果禁止口罩价格发生任何变化，那么与口罩生产相关的厂商又怎么能够知道人们的口罩需求有多么强烈，进而判断应该做出何种生产决策呢？退一步讲，即便他们可以从新闻渠道获知相关信息，但是由于不允许口罩涨价，增加生产口罩的资源投入不仅不能获利，反而有可能亏损，那么这些厂商又会有多少动力将产能全部转向口罩生产呢？

因此，市场没有失灵，它传递出了资源需要投入防疫物资生产的信号。但又必须承认，在这类突发性事件中，市场的作用受限。在口罩涨价的例子中，当时的防疫物资市场的确出现混乱，价格剧烈波动释放出的信号并没能在短期内解决物资紧缺的问题。之所以会这样，还是因为前文提到的那个问题：通过价格机制传递信息是需要成本的，市场调整资源配置需要花费时间。在紧急状态下，这样的调整永远都会慢半拍，导致在短期内似乎出现资源配置失衡的现象。

而得益于大型计算机的强大算力，这时候中央计划通过信息处理技术做出的反应要快得多。就像在平时使用电子设备时，往往你还没有反应过来，你想要的商品就出现在了App的首页推荐上。同样，疫情期间，我们的电子信息处理技术能够做到对物资、人员流动的实时监控，相关机构从而能对防疫物资的生产进行统一调度。正因为这样，在这类极端情况下，以政府配给取代市场交易不仅是必要的手段，而且是更有效率的方法，至少短期是如此。

所以，当人类社会进入信息时代，曾经被经济学家普遍怀疑的、由某个中央计划者进行资源配置的方式，不仅是可能的，而且正在成为现实。正如某位互联网大佬所说的，随着信息技术的不断发展，中央计划经济会成为更优越的系统。有很多经济学家不同意这一论断，但是我们有更好的理由来反驳吗？

我想，如果我们还是简单地将市场理解为通过价格机制进行资源配置的手段，那么很抱歉，市场终将被淘汰，就像马车被汽车淘汰，刀剑被枪炮淘汰，算盘被计算器淘汰那样。

但是我不相信市场会被淘汰。因为资源配置只是市场的一项功能而已，不是它的实质。

如果说市场的实质不是资源配置的手段，那么它又是什么呢？

回答这个问题之前，我想先请你假想这样一个场景：如果穿越回到一百多年前清朝的北京城，你想要喝水，应该怎么做？

我问过许多学生这个问题，大多数人的第一反应是"找个茶馆"。不知道你是不是也这么想？

如果你的第一反应也是"找个茶馆"的话，那么恭喜你，你是在以一个现代人的方式思考问题。

"找个茶馆"这个回答，肯定多多少少是受了老舍的经典作品《茶馆》的影响。但这不是重点，重点在于，大家口渴就会想到茶馆，潜台词就是：我们可以通过交易（买水）的方式来解决口渴问题。

事实上,解决口渴问题的方法有许多,对于生活在前现代世界的人们来说,找到水源——一条河、一口井,往往是他们的第一反应。只有我们这些生活在现代世界,每天的生活由无数的交易所构成的人,才会在第一时间想到用交易的方式,也就是"买水",来解决问题。

交易,是现代人唯一熟悉的解决问题的"通用方法"。我们的衣食住行是交易,我们的工作是交易,甚至我们的教育、婚姻和医疗,都是一次又一次的交易。需要什么东西,就通过交易来获得,这对我们每一个人来说几乎就是条件反射式的想法。

不相信?那么请回忆一下,之前我们讲过的所有例子,哪一个与交易无关?奶茶和咖啡的例子、菜市场大妈买股票的例子、跟着网红主播买买买的例子……甚至那个选择起床还是睡觉的例子也隐藏着交易,因为起床要去上班,而上班,也就是劳动力买卖。即便是"鱼和熊掌不可兼得"这句老话,现代人的理解也肯定和古人不一样。如果我问你怎么得到熊掌,你首先联想到的应该是野生动物非法买卖,而不会真的想去杀一头熊,砍下一只熊掌。

这说明了什么?说明我们的生活中交易无处不在,市场就是我们每一个现代人的生活方式。

这才是市场的实质。市场之所以重要,不在于它是资源配置的手段，而是因为我们每一个现代人，离开市场，基本上就无法生存下去，即便能够生存，境况也会变得很糟糕。

曾经有一位经济学家向我讲过一个真实的故事。20世纪60年代，他二十多岁，"上山下乡"去了东北。由于他表现不好，村支书把他安排到村里最穷的一户人家，户主是一位独居的老猎户。这位老猎户什么都会，从做肥皂到盖房子，样样精通，他跟着老人学会了不少技能。后来恢复高考，他回到北京，几十年后成了著名经济学教授，生活富足，衣食无忧，而此时的他对我说："现在我除了教书，什么都不会了。"由此，这位经济学家发现了一个道理：我们这个时代，一个什么都会的人，一定是最贫穷的；现代市场经济最重要的特征，是生活在其中的每一个人，只需精通某些事情，却能生活得更好。

每个人只精通某些技能，用经济学的术语来说，就是"分工"。分工是促使生产效率提高的源泉。但是为何会产生分工呢？让我们回顾鲁滨孙的例子：独自一人生活在孤岛上的鲁滨孙不需要分工，他必须什么都会才能生存下去；然而一旦他与"星期五"相互交易，那么就出现了分工，同时，更为重要的是，两个人都可以因此而生活得更好。

没错，分工起因于交易，也就是说，市场促使我们各自做自己擅长的事情，并通过交易来满足自己与他人的需要。

正如上文所述，现代市场经济的最重要的特征，是生活在其中的每一个人，只精通某些事情，却能生活得更好。现在，几乎每个人都是某种意义上的"专家"，专门只干某些事，这就是"专业化"。因为专业化的出现，我们可以专心于自己擅长的事务，从而提高生产效率。但仅仅提高生产效率是不够的，许多动物，比如蚂蚁、蜜蜂，也能通过分工提高生产效率。更重要的是，我们能够将增加的生产效率，用商品或者服务的方式交易出去，从而将自己的能力变现为价值。

由此看来，如果说市场是交易的场所，那么它交易的不仅仅是商品，还有我们这些被卷入市场中谋生的人；如果说市场是配置资源的手段，那么它配置的资源不是别的，正是我们自己——我们的天赋、我们的特长，以及我们的勤劳和汗水。

"在一个政治修明的社会里……每个人都能以自身生产的大量产物，换得其他劳动者生产的大量产物……别人所需的物品，他能与以充分供给；他自身所需的，别人亦能与以充分供给。于是，社会各阶级普遍富裕。"[1]斯密在《国富论》中写下的这段话，体现出了市场真正的价值所在。

然而，故事到这里还没有结束。因为计划经济的支持者们仍然可以这样反驳：未来世界，人们都能通过科学技术——比如基因鉴定——预先确定每个人的天赋，人一旦出生，就被计划分配

---

[1] ［英］亚当·斯密：《国民财富的性质和原因的研究》（上卷），郭大力、王亚南译，商务印书馆1972年版，第11页。

到最能发挥各自特长的岗位上,这难道不比市场分工更有效?

的确,当下的技术发展有这样的趋势,未来的我们真的有可能成为一部社会大机器中小小的螺丝钉,成为电影《黑客帝国》中那一粒粒"人体电池"。但是我想请读者扪心自问:这是你想要的生活吗?还是说,你更愿意通过交易发现自己的特长,通过交易实现自己的价值,通过交易寻找自己想要的生活?

最后,还是总结一下本章内容。"市场是交易的场所""市场是资源配置的手段",这些说法都没错,但它们只是市场的表象。市场的实质,在于它是现代人的生活方式,只要我们的生活仍然依赖于市场,那些冰冷的信息技术就无法将它淘汰。

人生如白驹过隙,每个人都想在这短短的一生中实现自己的价值,就目前的人类技术和生存境况来说,能够让你实现这一梦想的最佳方式,就是市场。请你相信这一点。

经济学小知识进阶
什么是市场分类？

本章所讲的市场经济这部分内容，和主流教科书有些不同。主流教科书一般会提及比如"垄断""竞争"这类概念，这其实是根据"定价权力"（market power）的大小做出的一种市场分类。这里我们简要介绍一下相关内容。

按照企业和消费者拥有的定价权力的大小，我们通常将市场分为四种类型。

一、完全垄断市场

严格来说，完全垄断市场其实不能称为市场，因为该市场上只有一个卖方，以及无数的买方。这样定价权力完全掌握在卖方，也就是企业手中，垄断厂商可以按照利润最大化原则（边际收益等于边际成本，参见第三章）确定产品价格。

二、完全竞争市场

完全竞争市场具有许多良好的属性,所以是经济学教科书中的"标准型",即我们以此作为参照系,观察和分析现实市场经济。

完全竞争市场有四个特征:(1)无数的买者和卖者;(2)产品同质;(3)自由进入或退出;(4)信息充分。

规定以上四个特征的目的,就是确保市场中的任何一方都不能操控定价权力。但实际上,这四个特征中只有第三个——自由进出——才是最重要的,也是保证市场竞争性的关键。

三、寡头垄断市场

和前两个相比,寡头垄断市场是现实中较为常见的一种市场类型。与完全垄断市场和完全竞争市场相比,寡头垄断市场具有如下特征:(1)厂商数量少,但至少有两个;(2)有市场壁垒,也就是说不能自由进出,市场壁垒可能由自然(技术)因素造成,也可能由人为因素(行政干预)造成,还有可能是二者兼具;(3)产品可以同质也可以有差异。

寡头垄断市场的核心特征,是厂商行为相互影响。

寡头垄断市场中,厂商具有相当程度的定价权力。但是他们不能只根据自己的收益和成本来决定生产行为,这又使得他们的决策行为具有相当程度的不确定性:一方面他们可能像竞争厂商那样相互竞争；另一方面他们也可能相互串谋，像一个垄断厂商那样行为。

四、垄断竞争市场

垄断竞争市场是现实中最常见的一种市场类型。与完全竞争市场相比：首先，垄断竞争市场的买方和卖方人数也很多；其次，垄断竞争市场没有显著的市场壁垒，产品、生产要素以及交易者基本可以自由进入和退出；最后，垄断竞争市场中，产品不同质，信息也不充分。和寡头垄断市场相比，垄断竞争市场中，厂商数量要更多，定价权力更小。

垄断竞争市场的核心特征是产品的非价格竞争。垄断竞争市场中，厂商的定价权力较小，这使得其常常会采用一些价格之外的竞争手段，比如品牌、质量、外观等等。

延伸阅读

本章讨论的市场经济，其实就是亚当·斯密当年的观点，参见斯密的《国民财富的性质和原因的研究》（上卷第一篇），商务印书馆，1972年12月。

同时另一种较为现代的表达，可以参见保罗·海恩等的《经济学的思维方式》（第12版）第二章，世界图书出版公司，2012年3月。

最后，主流教科书中有关市场经济的论述，仍然推荐平狄克和鲁宾费尔德的《微观经济学》（第九版）第九章至第十二章，中国人民大学出版社，2020年2月。

06
什么是经济增长?

分工起因于交换能力,分工的程度,因此总要受交换能力大小的限制,换言之,要受市场广狭的限制。[1]

——亚当·斯密

---

[1] [英]亚当·斯密:《国民财富的性质和原因的研究》(上卷),郭大力、王亚南译,商务印书馆1972年版,第16页。

在本书的第一章，我曾写到，在经济学这门学科诞生之初，它要研究的是富国裕民，只不过在后世的学科发展过程中，这个宏大主题被分解为一个个"小"问题，最终，经济学的研究主题转向了个人选择。不过，虽然问题变了，目标却从来没有变，通过解释个体的选择行为，我们的目标仍然指向"富国裕民"。

从第二章到第五章，本书首先分析了个人是如何做出选择的，在这个意义上我们每个人都是"经济人"。从一个"经济人"，到无数个"经济人"，当我们的选择相互联系在一起时，市场就出现了。市场是我们赖以生存的生活方式，同时也是实现社会各阶层普遍富裕的最佳机制，这就是"裕民"。

说清楚裕民之后，接下来便是富国的问题。这就是本章的主题。

从字面意思上说，"富国"指的自然就是国家富强。但是在经济学中它有一个专门术语：经济增长。

什么是经济增长？先来看看经济学中的定义。经济增长是指，在一定时间内，一个经济体系生产其成员生活所需的商品与服务之潜在生产力的扩大，即生产可能性曲线向外扩张。

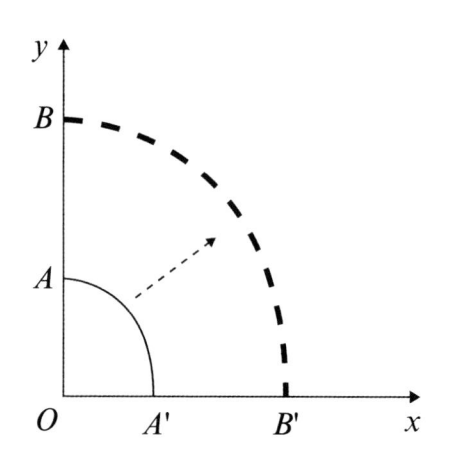

图 6.1 生产可能性曲线向外扩张

如图6.1所示，图中横轴x和纵轴y分别代表x和y两种产品（潜台词就是我们假设某一社会只生产两种产品，x和y），曲线AA'即为生产可能性曲线，其代表该社会所有资源投入后，所能生产的x和y产品的最大产量组合。当生产可能性曲线AA'沿着箭头所指方向，扩展为生产可能性曲线BB'时，即表示该社会生产率提高、产品产量增加，即经济增长。

是不是看着感觉有些抽象和难解？确实，在经济增长这个议题上，专家的解释和普通人的理解有分歧。

这几年，有学者注意到一种社会现象：当代中国的年轻人往往在宏观上乐观，微观上悲观。具体来说就是，年轻人看到产业振兴、高铁飞驰、大国崛起的画面或新闻时情绪高涨，但是一讲到职业、家庭、子女、房价等与自己密切相关的事时，就灰心丧气。

为何会如此？按照一些专家的理解，这是因为这几十年来我们国家确实富强了，但部分人民富裕的速度没跟上。也就是说，这几十年的发展，我们做到了"富国"，却没有整体上做到"裕民"。

然而，这不就和本书的主题冲突了吗？经济学研究"富国裕民"，人民富裕了国家才能富强，怎么会出现国家富强而人民却不富裕这样奇怪的现象呢？

国民生活福利的提高和国家经济总量的增加，二者之间出现不协调，这种现象的确是存在的，尤其当一国处于高速发展的状态中时。但是这样的脱节不能过于严重，否则必然会拖垮该国的发展进程。因为严格来说，如果一个国家中的大多数人都感到生活贫苦，这样的国家无论如何都难以称得上是富强，更不存在所谓的经济增长。

所以，所谓"宏观上乐观，微观上悲观"，其实是因为我们时常混淆经济学家所描绘的增长和普通大众对经济增长的直观感受这二者。

首先,经济学家说的"经济增长"是什么?简单来说,指的是GDP的增长。

GDP的正式名称是"国内生产总值",这是一个量化指标。使用这个指标来衡量一个社会的经济是增长还是衰退,并且预估未来经济形势的发展,是目前国际通行的做法。比如2020年我国GDP总量突破了100万亿元,这是证明中国经济增长的一个里程碑式事件;相应地,如果出现GDP指标下降,就意味着经济衰退。

不过,尽管GDP是各国政府报告中展示工作成就、彰显经济实力的必备项目,但是它的名声却不怎么好,甚至可以说是越来越不好。十多年前,我还是学生时,坊间就流传着一个和GDP有关的、讽刺经济学家的笑话。

有一天,经济学家小A和小B走在路上,小A突发奇想,对小B说:"你亲自把这段马路的路面给凿开,我给你10万块钱。"小B作为一名有尊严的经济学家,在权衡取舍之后,毅然决然地亲自动手,汗流浃背地凿开马路,拿到了10万块钱。但是作为一名"经济人",小B越想越气,觉得在凿马路这件事上自己有效用损失。几天之后,小B对小A说:"你把我凿开的马路填平了,我给你10万块钱。"小A也是一名有尊严的经济学家,权衡取舍之后,他亲自动手,汗流浃背地填平了马路,于是小B把拿到的10万块钱又还给了小A。此时,两人面面相觑,小B问:"我们做了什么？"小A想了想，很严肃地说："我们为社会贡献了价值20万元的GDP，促进了经济增长！"

这个笑话其实蕴藏着很大的信息量，包含了前面章节中已经提过的"经济人"假设问题，还有现实宏观经济中的GDP核算的问题。但最关键的是，它反映出公众对经济学家的不满：你们老是说国家越来越富强，经济越来越好，GDP越来越高，但是这些对我们公众来说到底有什么用？

这个陈年老笑话，其实就是"年轻人在宏观上乐观，微观上悲观"这件事的翻版和解释：GDP看起来好像离普通人很遥远，而且根本就没有反映出社会发展的真实情况。看着电视上主持人满脸洋溢着笑容，说GDP达到了14.4万亿美元，折算下来人均GDP突破了1万美元大关，人民生活越来越幸福。而自己却还拿着5000元的工资，还着3000元的房贷，抢着购物网站上的5元消费券，想着这周末又要加班，你说气人不气人？

根据浙江大学文科资深教授李实老师的估算，按照国家统计局使用的中等收入群体的标准，截至2019年，我国低收入群体的人口数量是9.1亿。[1]对于这9.1亿人来说，人均GDP超过1万美元跟他们有什么关系？

---

1 这一数据出自李实教授于2020年8月25日在博智宏观论坛月度会议上的发言，标题为"我国低收入人群有多少？"，网络来源：https://brgg.fudan.edu.cn/articleinfo_2744.html。

面对这些质疑，经济学家的确有责任。因为经济增长的实质究竟是什么，以及为何可以使用GDP这类指标来衡量经济增长，这些东西不仅教科书里没写，绝大多数经济学家也不讲清楚，毕竟他们在学术论文和政策咨询报告里都不需要写这些东西。

但是作为普通人，最想知道的，应该就是一个社会的经济增长会对自己的生活产生什么样的影响。所以现在我必须好好地解释一下，究竟什么是经济增长。

抛开经济学专业文献中那些抽象的理论和复杂的数学公式，经济增长应当是每一个普通人都能切实感受到的过程，对此历史学家有着比经济学家更好的直觉。一位研究经济史的学者告诉我，其实要解释什么是经济增长，根本不需要使用那些佶屈聱牙的经济学概念，只需想一想这样一个问题：古罗马的有钱人怎么解决洗澡问题？答案是"公共澡堂"。

这位学者又将时间推移到两千年之后，提出了相似的问题：19世纪伦敦城的一个普通工人家庭，他们怎么解决洗澡问题？

答案还是"公共澡堂"。这就是经济增长。

什么意思？在两千多年前的罗马城，使用公共澡堂是中产以上阶层才能享受的一种生活方式，而两千年之后，英国的普通工人阶层也能够享受。现如今，中国大多数人都能拥有独立的私人卫浴设施，而这在两百年前的英国，还只是属于少数富人的奢侈生活。

其实不仅是个人卫生，我们身边有大量便利生活的设施，历史上早已出现，却直到现代才得以推广。夏季能喝上冰镇饮料，冬季能围着炭盆烤火，平时能吃上一碗大米煮的干饭……所有这些在现代人看来最最普通、甚至还有些寒酸的事，几千年前却只是王公贵族的专利。

一种原本只有少数人才能享有的生活方式，成为普罗大众都能拥有的东西，这就是社会发展、经济进步。

所以经济增长的实质，是生活方式的改变，即让少数人拥有的生活方式，成为普通民众共享的生活方式。要做到这一点，我们生活所需的商品和服务必须变得富足。在指标上，这就体现为商品和服务的市场价值——也就是GDP的数字——越来越大。请注意，是这种"富足"，而不是GDP的数字，让我们有了一种感觉：社会在发展，经济在进步，生活变得越来越好。

读到这里，你可能觉得哪里不太对劲。如果按照我的论述，那么不应该出现"宏观上乐观，微观上悲观"这种现象啊？

这是因为，"生活方式的改变"不仅仅意味着我们能享有富足的生活，还意味着社会整体结构的变化，即生活环境的改变。面对急速现代化的生活环境，并非每一个人都满意，甚至可以说，相当多的人感到不满意。

从经济学的角度来看，要让少数人才能享有的生活方式，成为普罗大众都能拥有的东西，就是要解决一个关键问题：效率，也就是生产效率的极大提高。所以，经济增长所指的生活方式的改变，就是要转向更有效率的生活。

怎样才能使生产效率获得极大提高？什么是更有效率的生活？所有这一切，其实我们已经在上一章讲过了：分工和市场。没错，分工使得生产效率获得极大提高；而通过市场交易，不仅是客观的物质资源，更重要的是我们自身也能够发挥出最大的价值。

"分工起因于交换能力，分工的程度，因此总要受交换能力大小的限制，换言之，要受市场广狭的限制。"本章开篇引用的亚当·斯密的这句话，实际上道出了现代社会经济增长的实质。所以在经济学中，现代经济增长又被称为"斯密动态经济增长"（the Smithian Dynamics）。

现代社会的经济增长，是转向一种以市场为核心的生活模式，通过分工的深化和市场的扩展，促使曾经为少数人享有的生活，如今也能为普罗大众所享有。

了解这一点，就能明白为什么要使用GDP这个指标来衡量经济增长了。因为GDP，也就是国内生产总值，它的标准定义是：一个经济社会在一定时期内运用生产要素所生产的全部最终产品的市场价值。这句话的关键词是"市场价值"。实际上不光是GDP，只要能反映出分工程度和市场水平的指标，就都能衡量经济增长。当然，现实当中的GDP指标也确实存在失真，而这样的失真程度有多严重,就说明实际的经济运行模式距离市场经济有多远。

但是,市场带来经济增长,让我们的生活变得富足的同时,也迫使我们必须按照它的规则行动。自工业革命之后打造的这套现代世界的生活方式,在将我们卷入市场交易旋涡的同时,也似乎将我们每个人都捆绑到了符合某种标准化程式的生活模式当中,令我们无法自拔。每一种工作都有既定的方案,生命中的每一分钟都被预先安排,然后便是无穷无尽的考核、考核、再考核。在学校有GPA(平均学分绩点);在单位有KPI(关键绩效指标);出门旅个游,人家导游掐着表算准了每个景点待的时间;到医院看个病,医生照着各项检查指标开药……连婚姻和爱情,也要遵照长辈的验收标准。

这种刻板的、机械化的、快速运转却又缺乏人情味的生活方式压得我们喘不过气来,这就是现代人生活压力的根源。而中国的年轻人在面对这种改变时,压力只会更大,因为我们从传统经济转向市场经济,只花了短短四十年时间,这和欧洲的两百多年时间相比,用"翻天覆地"四个字来形容,一点都不过分。西方市场化过程中经历的一切问题,如环境污染、不平等、社会冷漠、人的异化等等,我们的年轻人统统都得经历,而且程度还更猛烈。

这种翻天覆地的生活变化,谁都会难以承受。许多人不仅感觉不到幸福，反而觉得生活压力越来越大。难怪一大批才20岁出头的青年，大好年华，却纷纷选择逃离大城市，"隐居"终南山。

所以，年轻人在宏观上乐观的原因，是经济增长，而年轻人在微观上悲观的原因，是经济增长背后，市场机制带来的生活方式的剧变。可以说，焦虑、悲观，就是市场这种生活方式在带来经济增长的同时，带给我们的副作用。

读到这里，一定有读者想问：那么能不能消除这种副作用呢？

一定有各种各样的方式能够缓解我们心理上的焦虑，但这不是经济学能给出的方式。这就好比医生诊断出你得了什么病，然后给你开药或者是动手术，可是你却说："医生，我害怕啊，我害怕这药有副作用啊，我害怕手术后生活质量下降啊……"这就把医生给难倒了。

所以从经济学的角度出发，我能够说的，仅仅是：追求美好的生活，没有回头路。

一直以来，在面对经济高速发展带来的焦虑感时，许多人会心生一种"返祖情结"，即向往古老的田园生活：

依山傍水房数间，行也安然，坐也安然。
布衣得暖胜丝锦，长也可穿，短也可穿。
稀粥淡饭饱三餐，早也可餐，晚也可餐。
无事闲游村市栈，棋也玩玩，牌也玩玩。

06 什么是经济增长？

雨过于晴上小船，今也谈谈，古也谈谈。
夜归儿女笑灯前，饭在一边，菜在一边。
不是神仙，胜似神仙。[1]

这首诗表达的那种悠闲自得的生活是不是很让人羡慕？

可是我们真的能够回归这样的生活吗？

不能。如果这样的田园生活方式成为绝大多数人的日常，那么我们首先要面对的问题就是：穷。而且还不是一般的穷，是要饿死人的那种穷。

因为如果要以这样的方式，即通过传统农业劳动，来获得我们每个人日常生活所需的物资和服务，那么首先至少90%的人口要从城市回到农村去；其次，人们要没日没夜地干活，日晒雨淋，辛苦劳作；最后，还要看老天爷的脸色吃饭。即便是这样，生产出来的那点东西能养活的人口数量，恐怕也要回到1949年之前的水平。

千万别忘了我们现在享有的生活，其基础来自围绕着市场经济而形成的一套复杂的交换网络。如果你想要享有那梦想中的桃花源生活，那么背后意味着有千万人的劳动付出、千万台机器的开动，以及千万条流水线的日夜生产……

---

[1] （清）萧锦忠：《闲居即兴》。

所以，能够成就梦想中美好生活的，是市场交易，不是田园牧歌。只有生活条件到了一定水平的青年们，才会想着奔向终南山。当然，在终南山的房价涨了50倍之后，现实生活又将他们赶回了城市，这同样也是市场机制的作用。

尽管通过市场机制获得生活的满足，会导致诸多的不如意，但我还是要说，这是在目前人类的技术、知识和人性的范围之内，我们能够获得的最佳方式。只要想想，为什么都市生活如此不堪，却仍然有那么多人愿意离开农村到大城市中讨生活，就能明白其中的道理了。

现如今，全世界都被卷进了市场经济的大潮。经济增长让我们都能够享受从前非常奢侈的商品和服务，也让我们背上了辛劳、焦虑和无奈。即便为了不承受辛劳、焦虑和无奈，你愿意放弃多姿多彩的商品和服务，也不可能真正逃脱市场经济——市场已经无处不在，你其实逃无可逃。

身体的享受和内心的焦虑是一起来的，在经济增长的大潮里，你不能只要前者不要后者。那逃无可逃的我们是不是注定要在经济繁荣当中焦虑致死？也不是。在第二章中我们就说过，选择从来都不是非此即彼的，享受繁荣和安顿内心也不是非此即彼的。问题不在于你是得给自己加油打气赚上一个亿，还是要逃开忙碌躲进舒适圈，而是要明白：既然焦虑来自你对市场化的生活方式的不顺从，那么就主动学会利用市场，来为这种不顺从实现价值——找到一个目标，估量要付出的成本，然后放手去做。比如你爱好游戏，那么大可以利用市场来将游戏人生的价值变现；你爱好恬静淡雅的生活，那么大可以利用市场将这份恬静变现……澎湃的市场大潮裹挟着我们每个人前进，但是它同时也留下了大量实现自我的机会。心灵想要的生活只有你自己有能力去建造，既不能靠成功学，也不能靠心灵鸡汤。

最后，总结一下本章的内容：经济增长的实质是生活方式的转变，即转向更有效率的生活；而目前能够实现这一目标的最佳方式，仍然是以市场为核心的生活模式；通过分工的深化和市场的扩展，曾经为少数人享有的生活，如今普罗大众也能享有；享有这种生活，就必须付出代价，效率带来的焦虑就是其中之一；在不可阻挡的市场大潮中，没有回头路，只有迎潮而上，才是不被惊涛骇浪卷走的办法。

要富国，先裕民。因为归根结底，经济绩效的极大提高，是分工和市场交易的结果，而这又取决于个人的行为选择。人民富裕，国家才能富强，这才是现代社会经济发展的逻辑。

经济学小知识进阶
如何核算GDP？

本章提到了GDP的概念。现实中统计一国GDP是一件非常复杂的工作。不同国家有不同的统计标准，实际操作也千差万别。在这里我们简单说一下核算GDP——即GDP的构成——的两种方法。

第一种是收入法。即从收入角度核算GDP。从收入角度来说，一国的全部收入大致上可以分为三类：一是土地所有者的收入，即地租；二是资本所有者的收入，即利息；三是劳动所有者的收入，即工资。三者在某一段时期（比如一年）内的全部收入加总，就是国民收入，国民收入构成了该国在这一段时期内的GDP。

但是从收入角度核算GDP是相当麻烦的事情，于是就有了第二种方式，即支出法。任何时候，我们获得了收入以后总归要花出去（或者存起来，即储蓄），那么如果我们能核算支出，也就能知道收入。

那么，我们的支出有哪些呢？

从国民经济核算角度而言，有四类支出：一是消费，即家庭用于物品和劳务的支出；二是投资，即用于未来生产更多物品和劳务的物品购买（通常认为，储蓄会转化为投资，关于这一点，参见本书第七章内容）；三是政府支出，即各级政府用于物品和劳务的支出；四是净出口，即出口减去进口。四类支出加总，构成了一国在某一段时期的GDP。

相对收入法来说，支出法核算GDP较为容易，是我们分析GDP结构时常用的方法之一。

延伸阅读

本章所述的经济增长理论，即"斯密动态经济增长"，是历史学家提出的概念，该理论的核心，即来自文中所述的斯密那句话，具体论述，可参见斯密的《国民财富的性质和原因的研究》（上卷第三章），商务印书馆，1972年12月。

经济增长理论，实际上是经济学中非常复杂的一个研究分支，它构成了宏观经济学的重要组成部分，其中包含多种理论，关于经济增长理论的演变，可参见W. W. 罗斯托的《经济增长理论史：从大卫·休谟至今》，浙江大学出版社，2016年3月。

同时，经济史也比较关注经济增长现象，这方面的研究，特别是关于工业革命和人类社会的发展方面的综合性论述，可以参见格里高利·克拉克的《告别施舍：世界经济简史》，广西师范大学出版社，2020年7月。

07
什么是资本?

我不是一个顽固的资本主义者,我并不把资本主义看成是一种信条。对我而言,更重要的是自由,是对于穷人的同情,对于社会契约和机会均等的尊重,但是在目前,要实现这些目标,资本主义是唯一可行的解决方案,假如我们需要一种能够创造大量剩余价值的工具,它是我们目前所知道的、唯一一种可供选择的制度。[1]

——赫尔南多·德·索托

（Hernando de Soto Polar，1941— ）

---

[1] ［秘鲁］赫尔南多·德·索托:《资本的秘密》,于海生译,华夏出版社2012年版,第192页。

07 什么是资本?

到这里,关于"什么是经济"这个问题,本书其实已经基本上回答完了,至少按照主流教科书的内容来说是这样。但是有些读者一定会感觉好像还缺少了什么重要的东西。

没错,我们还没有回答一个很重要的问题:什么是经济危机?

自从人类进入现代社会,转向以市场为中心的生活方式之后,经济危机基本上就成了家常便饭式的存在。三五年一次小危机,三五十年一次大危机,区别只在于普通人能否感受到经济出现了问题。

那么对于经济危机,经济学家能够给出怎样的解释呢?

我们能够给出海量的解释,但问题是,对于我们在现实中解决经济危机来说,或者仅仅是就预测经济危机而言,似乎这些解释所能起到的作用皆微乎其微。时至今日,在预测宏观经济走势这个问题上,经济学家群体的水平基本上还是接近于几百年前的炼金术士的程度。

1929年席卷全球的经济危机，当时全世界只有少数几位经济学家准确预测到它的到来；[1]2008年次贷危机引发的金融风暴，其影响程度虽然不及八十年前那次，但经济学家的表现更糟糕了，集体失语；而如今疫情、战争、通货膨胀等问题接踵而至，全球经济的未来趋势将如何发展，仍然是雾里看花。

经济学家为何看不清经济走势，更预测不到经济危机？倒不是因为经济学家偷懒，而是因为每一次的经济危机，不是首先出现在通常的商品和服务市场中，而是在资本市场中。

为什么说经济危机首先出现在资本市场中呢？这是因为现实生活中生产行为和消费行为的分离。举个例子，2019年1月，锤子科技被字节跳动收购，罗永浩不做手机了。那么，是因为锤子科技生产的手机不好吗？不是。2018年上市的坚果手机，设计精良，是当时市场上最火爆的机型之一，销售极好。锤子科技也因此达到了经营最好的时刻，然而仅仅过了半年，它就不行了，为什么？因为罗永浩把钱花完了，却没办法获得新投资。

从投资生产到实现价值回报，要经过很长的时间。在这期

---

[1] 比如奥地利学派的两位经济学家，米塞斯（Ludwig von Mises, 1881—1973）和哈耶克（Friedrich August von Hayek, 1899—1992）。参见［美］马克·斯考森：《现代经济学的历程：大思想家的生平与思想》，马春文等译，长春出版社2009年版，第295—296页。

间，消费获得的钱还没有回流到企业，而企业生产又不能断，因此还需要继续投入资金。一旦投出去的钱收不回来，企业经营就会出现问题，这就需要通过资本市场融资。如果融不到资，那么企业就会垮。垮掉的企业越来越多，经济危机就到来了。所以，经济危机的发生，首先是在资本市场里。

现代经济体系中，资本市场的最大作用，是在生产和消费之间架起联结的桥梁。这座桥不能断，一断就是全社会的经济动荡。所以理解经济危机的关键，在于理解资本市场。确切地说，在于理解资本市场的两大主角——资本和货币。

然而，资本和货币是当代经济学最大的一个理论黑洞。

虽然说出来比较尴尬，但是必须承认，经济学目前还未能完全搞明白资本和货币到底是怎么回事。不过说不清楚也得说一说，因为资本和货币实在太重要了。如果将一个经济体比作一个人，那么资本与货币就是其中的心血管系统，介绍人体组织结构怎能略过心血管系统？所以，让我们使用两个章节的篇幅，来简单了解目前有哪些可以确定的，关于资本和货币的经济学知识。

本章我们先讨论资本。资本很重要，这不用说也知道。但若要问资本到底是什么，这就好像要猜测少女的心思一样。

为什么这样说？因为正如少女的心思猜不透，在现实经济生活中，资本形态千变万化，我们同样难以把握。

在具体论述之前，我先提出一个问题：我们现在基本上人人都有智能手机，你手中的这个智能手机，是不是资本？

先不要急着想答案，让我们先看下去，回过头再来想这个问题。

很久很久以前，也就是经济学刚诞生那会儿，就出现了有关资本的一个标准定义：资本是投入生产中，可以增值的价值。或者简单点说，资本就是生产资料。[1]

这个定义听起来很简单。比方说，如果你是个猎人，那么你的打猎工具——弓和箭——就是你的资本；如果你是农夫，那么锄头或者犁就是你的资本。

可是诸位读者有没有想过，这其实是一个原始社会的资本理论。只有在一个经济体系相当简单的社会中，生产资料和生活资料之间的区分才会较为确定，像猎人和农夫这类例子，指向的都是早期的农业社会。

然而在之前的章节中我们就反复提及，现代社会发展的基本事实就是分工的深化和市场的扩展。所以从农业社会进入工业社会后，经济发展，分工细化，市场交易无处不在，经济生活也就变得越来越复杂。这时候，根据物品的用途，来界定它是不是资

---

[1] 这是古典经济学时期（18—19世纪）较为通行的观点。其理论最早可以追溯到杜尔哥（Anne Robert Jacques Turgot，1727—1781），参见［法］杜阁：《关于财富的形成和分配的考察》，南开大学经济系经济学说史教研组译，商务印书馆1961年版，第五十八节。

本，就不符合实际情况了。

现在让我们想一想之前那个问题。我们手里的智能手机，可以用来学习，可以用来工作，还可以用来听歌、追剧、打游戏，那这究竟是生产资料呢，还是生活资料？

当市场经济成为我们的生活模式的时候，生产与消费的界限变得十分模糊，一切都可以是工作，一切也都可以是娱乐。既然我们不能从用途上区分什么是资本，那么可不可以从价值增值的角度考虑，认为可以增值的就是资本？

这个恐怕更不行，首先价值估算就是一件令人脑瓜疼的事，更别说还要考虑有没有增值。还是举个例子。小A、小B和小C三位同学，他们的父母各自花了50万元，供他们读书。小A同学好吃懒做，天天混吃混喝；小B同学勤奋刻苦，把父母给他的钱拿去创业，在淘宝上开了家小店；小C同学用功读书，成绩名列前茅。四年以后，三位同学毕业了，小A同学进了父母的公司当了CEO（首席执行官）；小B同学的淘宝店因经营不善而倒闭，给小A当了司机；小C同学通过层层选拔成了小A的秘书；大家都有光明的前途。

在这个例子中，当初三人父母花的那50万元，算不算资本？经济学上，教育开支可以算作"人力资本投资"，但这和生产或者消费有关系吗，和增值还是不增值又有关系吗？

理论上，要界定资本还有许多方法，不过让我们暂且打住，因为普通读者可能已经感到厌烦：为什么我们非要纠结于如何界定资本呢？原因很简单，这关系到资本的具体使用形态，而资本的具体使用形态会影响经济绩效，进一步关系经济的走势是繁荣还是萧条。

比方说，现在你手里有价值100万元的生产设备，而我手里有价值100万元的债券，这些都是资本。假如我们俩投资的是同一个行业，但现在经济不景气，我们决定转行。我手里的债券变现很容易，换得现金后又可以迅速转投其他行业；而你手里的生产设备就有点麻烦，得先要卖出去得到现金，然后才能转投其他行业。很明显，机器设备的变现能力远不及债券。倘若再遭遇经济不景气，又或者是你的机器专业性太强，别人用不上，导致它们卖不出去，那么你的100万元很可能化为乌有。

再换个例子。现在你我手里都有价值100万元的生产设备，而且假设它们是相同的设备（比方说是电脑），但是你投资的是房地产，而我投资的是餐饮。那么我投资的设备可能在一个月内就能获得资本回报，而你则要等个三五年，甚至更久，才有回报。当然，这并不意味着我比你更赚钱。比如碰上疫情，饭店关门，我的设备就只能转卖，而你的房产仍然坚挺不倒，那些设备可以使用到折旧完毕为止。

资本的具体使用形态，实际上涉及流动性问题，不同的流动性会直接影响资本回报，也就是利润或者利息，进而影响经济绩效。一个社会中资本的具体使用形态的分布态势，在某种程度上就决定了该社会的经济走势,所以经济学家才试图将资本界定清楚。而现实经济生活的复杂性,注定了这是一项不可能的任务。

如果经济学家全知全能,能够洞悉一切经济活动,资本难题将迎刃而解。但我们做不到。所以退而求其次,经济学家想出了另一种方法来描述资本。这就是我们在第三章中介绍过的生产函数。

既然资本是可以增值的价值,这个增值过程如何发生呢?只可能是通过生产行为。所以,和第三章中我们描述过的厂商生产理论相同,经济学家再次将生产过程看成一个"黑盒子",也就是说不管具体生产活动,只关心一头一尾。"头"就是投入,即生产一开始投入多少价值;"尾"就是产出,即生产出来的产品,它们的市值又是多少。这样我们就知道了投入生产的价值增值了多少,或者是亏损了多少。[1]

乍看之下,这个使用生产函数描述资本的方法是不是聪明绝顶?不,其实是一个"没有办法的办法"。为了理论研究,这个函数被极大限度地简化,但是简化得过了头。按照这个生产函数,农业社会和工业社会实际上没有区别;计划经济和市场经济没有区别;流动资本和固定资本也没有区别。前面我们提到的和资本有关的所有问题,这个理论一个都没解释。所以马克思才认

---

[1] 这是新古典经济学时期(19世纪末期至今)开始较为通行的观点,可以参看〔英〕马歇尔:《经济学原理》,朱志泰译,商务印书馆1964年版,与资本和收入分配相关的章节。

为经济学家根本不懂资本是什么,并且将他的经济学著作命名为《资本论》,也就是说,当年马克思想要说清楚资本是什么。只可惜,《资本论》出版之后,有关资本的谜题还是没有解开。

到了19世纪末20世纪初,有一位奥地利经济学家意识到,现实中资本的具体使用形态虽然不可捉摸,但它们有一个共同点,那就是随着生产时间的变化,它们的价值会发生变化。

感觉好像和前面说的生产函数差不多?不,完全不一样。要注意,经济学中标准的生产函数是没有时间维度的,而这个理论中度量资本的唯一要素,就是"时间"。

那么"时间"具体指什么呢?是生产的过程。在生产函数中,生产过程是一个"黑盒子",而该理论却强调我们需要关注生产过程。当然,老问题仍然存在:经济学家不是专业人士,不可能掌握每一种产品的具体生产过程。

没关系,我们不需要知晓具体生产过程,只需注意生产过程的长度。由此,就有了当代资本理论中最重要的一个发现:生产的过程越长,也就是越迂回,产出的价值就越大。这就是"迂回生产理论"。提出"迂回生产理论"的经济学家,是享有盛誉的奥地利学派经济学家庞巴维克(Eugen Ritter von Böhm-Bawerk,1851—1914)。[1]

---

[1] [奥]庞巴维克:《资本实证论》,陈端译,商务印书馆1964年版,第46—47页。

07 什么是资本？

"迂回生产理论"是一套逻辑精妙的体系，该体系和我们之前讲的"分工和市场"密切相关。

情境假设：在原始社会，你拿锄头干活，再获得粮食，整个生产过程一目了然；然后，开始有人专门做锄头，做得还不错，你干活更顺手了，粮食产量因此提高，但因为增加了生产锄头的过程，生产过程也拉长了；再后来，又开始有人专门生产制作锄头的工具，生产效率又得到了提高，产出又增加，生产过程又被拉长了……慢慢地，进入工业社会，整个生产过程变得越来越复杂，同时也越来越迂回，但产出的价值极大提高，原始社会的生产力早已无法与此相提并论。

由此可见，正是因为分工的深化，有人从事产品生产，有人从事生产工具的生产，生产过程才变得迂回，但这样的迂回是必要的，因为它极大地提高了生产效率。

在整个生产过程中，消费品的出现意味着生产结束，所以被称为"最终产品"；用于消费品生产的工具，则是上一级产品。以此类推，整个生产过程最初投入的，就是初级产品。什么是初级产品？资金、原材料、能源、基础设施等。由于初级产品处在整个产业链的头部，获得资本回报所经历的时间最长，它们的利润率就会很高。不相信？你去查查中国企业500强的利润率排名，处在前面的是不是那些负责资金运作的商业银行，以及与原材料、能源、基础设施等相关的企业。

当然你可能还有疑惑：万一生产出来的东西卖不掉，哪里来的价值增值？请注意，资本一旦在市场经济的系统中出现，它就不会消失，只会转移。你生产的东西能不能卖掉不是重点，重点是你的投资进入了市场流通。购买设备、雇佣劳动，都要花钱，这些钱到了设备生产商和工人们的手中，就已经实现了其价值。设备生产商和工人们可以用从你这里赚来的钱消费，可以储蓄，也可以投资。消费增进了他们的福利，储蓄则等于通过银行借钱给别人投资，而无论是让别人投资，还是自己投资，都是投入生产过程，实现增值。

如果所有这些投资仍然失败，没关系，只要这些花出去的钱还在，没有被烧掉或者窖藏起来，那么赚到这些资金的人仍然有投资增值的机会。这个过程会永不停歇地循环下去。所以资本永不眠，只要市场还在有效运行，资本就能增值。

读到这里，读者们是不是觉得经济学已经解决了资本难题？并没有。"迂回生产理论"的核心是"时间"，而问题也出在这个"时间"上。

举个例子。先假设五百年前，一只青花瓷瓶被生产出来，它当时的价值按照现在的物价折算是100美元。它没有被埋入土里，而是一直在收藏品市场流转。再假设在四十年前苹果公司上市时，有人用100美元买了苹果公司股票。那么，现在时间到了2022年，这青花瓷瓶和苹果公司的股票，哪个更值钱？

07　什么是资本？

这还真不好说。表面上看，青花瓷瓶经历的时间更长，市值应该更高才对。然而现实却未必如此。古玩的流转相对来说比较缓慢，而股票的流转则异常迅速，因此，青花瓷瓶要耗费数十年乃至数百年时间产生的价值增值，苹果公司的股票也许只需数天就可以达到。

这就是"迂回生产理论"绕不过去的难题：它没办法把"时间"统一起来。这样，一旦遇到类似青花瓷瓶和股票这类投资问题时，我们仍然是一头雾水。

不同的资本品，它们的流动性不同，可如果能有某样中介物，代表所有资本品的价值，那难题不就解决了吗？那么这个中介物是什么呢？再想想青花瓷瓶和股票这个例子，对，就是那100美元，货币就是那个中介物。

美国经济学家最早注意到这一点，他们将资本等同于现金流，这样不仅流动性差异不存在，而且资本理论实质上也转变成了货币理论。做出这一理论贡献的代表人物，就是我们在第一章提到的欧文·费雪。[1] 从他开始，资本理论和货币理论密切地结合在了一起。

然而"货币"又是什么呢？这就是我们下一章的主题。

最后，总结一下本章内容：资本是投入生产中，可以增值

1　Fisher, Irving, *The Nature of Capital and Interest*, New York: Macmillan, 1906, p. 52.

的价值；在现代经济体系中，生产资料和生活资料的界限很难区分，而资本又是通过具体的生产过程发挥作用的；主流经济学采用了生产函数来描述资本，另一种描述资本的方式是"迂回生产理论"；最终资本理论与货币理论紧密地结合在一起。

经济学小知识进阶
什么是资本、资本家和资本主义？

在我国，由于种种原因，许多人对于经济学中"资本"的理解，常常和非经济学类著作中提及的"资本家""资本主义"等概念联系在一起。这类理解往往会产生误导，所以我们在此对这三个词做些简要的澄清。

首先，"资本"一词源自拉丁文caput。在西方，12—13世纪时，这个词表示"资金""存货""生息本金"。在意大利，这个词的含义逐渐发展为"商人的资金"，也就是"本钱"。然后到了18世纪的法国，这个词最终具有了我们现在所理解的含义，即增值的价值。

其次，"资本家"这个词大约出现在17世纪中叶的法国，表示不同于贵族的有钱人群体。到了18世纪中期以后，"资本家"指的是"债券、有价证券或者现金投资的拥有者"，即"资本的所有者"。不过，一直到19世纪，"资本家"这个词的使用仍然比较随意，通常和金钱、财富等概念有关，并非专指资本的所有者。

最后，"资本主义"这个词出现得最晚，最早是在19世纪中期前后，但那时人们还很少使用这个表达，像马克思一直到1867年，都没有使用过"资本主义"这个词。20世纪初期，作为"社会主义"一词的反义词，"资本主义"一词的使用频率才越来越高。因此可以认为，这是一个政治术语，在特定的政治环境下才形成其相应的含义。

延伸阅读

经济学中最早有关资本的分析,参见杜阁的《关于财富的形成和分配的考察》,商务印书馆,1961年9月。

本章中提及的"迂回生产理论",参见庞巴维克的《资本实证论》,商务印书馆,1964年11月。

当代经济学有关资本理论的著作可谓汗牛充栋,但是对于普通读者来说,个人推荐阅读赫尔南多·德·索托的《资本的秘密》,华夏出版社,2012年1月。这本著作没有那么理论化,却很好地诠释了资本在当代世界不可替代的作用。

08
什么是货币?

货币数量之多寡，对于一个国家内部的幸福安乐，是无关紧要的。行政当局的上策是尽量保持这股增长的势头，只要当局采取这种措施，就能调动国内的生产积极性，增加劳动产品的储备，而这种储备乃是一切实力和财富的根本。[1]

——大卫·休谟（David Hume，1711—1776）

---

[1] ［英］大卫·休谟：《论货币》，《休谟经济论文选》，陈玮译，商务印书馆1984年版，第34页。

08 什么是货币？

在上一章中，对于资本的探讨逐渐将资本和货币现象结合在了一起。现如今，当我们看到类似"某某某投资了数百万元"的表述的时候，首先联想到的应该是一笔资金，而不是具体的生产设备。用货币来代表资本，似乎是一件理所当然的事情。

可关键的问题在于：货币又是什么呢？

诸位读者在阅读本书时，不知道发现没有，直到现在为止，我们从来没有讨论过"钱"这个问题。

没错，我在第一章曾说过，经济学不教人怎么赚钱。现在我们可以说得更加明确些，曾经有很长一段时间，经济学不仅不教人怎么赚钱，它甚至都不关心钱是什么。

因为，在整个微观经济学体系中，是没有货币这个概念的。我们会说"价格"，比如在有关消费者效用最大化原理的论述中，我们说"物品x的价格是P_x"（参见本书第二章），但是我们不会说"购买物品x需要花费多少的货币"。

有些读者可能会觉得有些奇怪：价格难道不就是指货币吗？

当然不是。价格指的是价值尺度，也就是衡量物品交换的比例。价值尺度可以用货币来表示，也可以用任何其他的东西来替代，只要获得大家的同意即可。比方说，我们这本书热销，火到全世界每个人都至少拥有一本，或者全世界每个人都知道这本书。那么这本书可不可以取代美元，成为一种衡量所有物品交换比例的价值尺度呢？（注意，不是成为货币，而仅仅是承担价值尺度的功能。）

当然可以，只要条件允许，加上全世界绝大多数人都认同，就能够做到。这时候我们就可以说"一瓶牛奶价格为0.5"，或者"一栋房子价格为100万"，此处的"0.5""100万"，指的就不是多少单位的货币，而是多少本书。

一件物品价值多少本书，这实际上就是物物交换时代的价值尺度。

所以请注意：价格不等于货币；价格表示的是价值尺度，价值尺度只是货币的四大职能之一。

看到这里，一些读者可能会想到，这是不是意味着微观经济学讨论的商品交换、市场经济，都是指向物物交换呢？从某种程度上说，的确有这样的意思。不过，微观经济学不需要涉及货币问题，是有其原因的。因为这个理论体系是围绕着个体行为选择而展开的。我们选择的是能够带来效用的物品和服务，而货币只是一个媒介，并非选择的对象。所以从消费者和企业的行为选择，到消费者和企业在市场中交换，这整个理论推导过程并不需要货币的存在。

然而正如我们所见，货币不仅在日常生活中是必不可少的要素，还是我们讨论经济危机、资本等现象时必然要涉及的概念。所以，微观经济学可以不讨论货币，但是宏观经济学必须讨论货币。

价值尺度、交易媒介、财富贮藏以及支付手段，这是货币的四大职能。在一些入门级的宏观经济学教材中，有关货币职能的论述，是货币理论的核心内容。

这里插一句题外话，出于上述理由，所以微观经济学有时候又被称作"价格理论"，而宏观经济学则被称作"货币理论"。

然而不管怎样，都必须承认，在现代经济学诞生后的很长一段时间里，主流经济理论对于货币问题的思考，都是有所欠缺的。

这倒不是说经济学家不关心货币。其实人类关注货币现象的历史源远流长，古希腊哲人就详细探讨过货币问题，其中最重要的一位，就是大哲学家亚里士多德。

"在社会团体的初级形式中，即家庭中，全家的人共同使用一切财物，交易技术显然是不需要的。后来团体扩大[到成为村坊]，交易行为就可能发生；一个村坊由各个部分（家庭）组合起来,每一部分(家庭)所有财物的种类和数量各不相同,这样,有时就需要进行交易——这样的物物交换,在野蛮部落(民族)中,迄今仍然流行着……交易进行到相互满足生活要求为度,两方都直接以物易物[在交易之间,货币是没有的]。这样的交易既然不是获得金钱的致富方法,那就不是违反自然的。这种简单的交易的继续发展,我们就可料想到它会演变而成比较繁复的另一种致富方法('获得钱币'的方法)……[钱币制度的来历是这样的:]凡生活必需品往往是笨重而难于运输的,大家因此都希望有某种本身既属于有用而又便于携带的货物作为交售余物及购取所缺货物的中介货物。于是人们发现铁、银以及类似的金属合乎这种要求。起初这些金属就凭大小轻重来计值;最后,为了免除大家分别秤量的烦劳,每块既经秤量的金属就各各加上烙印,由这种烙印表明其价值。"[1]

上述这段话就是亚里士多德有关货币起源的讨论。从物物交换,到特殊等价物,再到一般等价物,最后是贵金属——金或者银——充当了货币。

亚里士多德的这段话可谓影响深远。他在另一部著作中还

---

1 [古希腊]亚里士多德:《政治学》,吴寿彭译,商务印书馆1965年版,第26页。

讨论了货币功能，清楚论述了前面提到的货币四大职能。[1]一直到19世纪，经济学家们对货币起源的看法仍然主要来自亚里士多德的观点，比如马克思在《资本论》中对货币起源的论述。[2]

亚里士多德的这个观点，被称作"货币交易论"，即认为货币起源于交易，交易职能代表着货币的本质，所以它就是个交易媒介。既然是媒介，货币就不同于资本、劳动这类生产要素，它不创造价值。这样就可以推出货币中性、货币数量论这些观点。简单来说，就是货币市场与商品市场互不影响，但是货币数量越多，货币就会贬值，这是不好的。有些读者可能看到过这么一种论断：一切通货膨胀归根结底都是货币问题。[3]这就是亚里士多德观点的一个现代版本（即现代货币数量论的观点，参见本章的"经济学小知识进阶"）。在这样的观点下，早期经济学将货币当作一种中立的工具，只要货币政策相对稳定，似乎就没有太多

---

1 ［古希腊］亚里士多德：《尼各马科伦理学》，《亚里士多德全集》（第八卷），苗力田译，中国人民大学出版社1992年版，第104—105页。
2 参见马克思：《资本论》（第一卷），《马克思恩格斯文集》（第五卷），中共中央马克思、恩格斯、列宁、斯大林著作编译局编译，人民出版社2009年版，第一章第3节"价值形式或交换价值"。
3 这是从弗里德曼（Milton Friedman，1912—2006）的理论中引申出来的一种观点。作为当代宏观经济理论中的一支，货币主义思潮的代表人物弗里德曼将一切通货膨胀现象都视为货币现象。当然，不能认为弗里德曼的思想直接来自亚里士多德，只是从理论渊源上而言，我们可以从中看到亚里士多德对于当代货币理论的影响。

其他重要的问题需要讨论了。

然而，随着金融市场在现代经济体系中发挥的影响越来越大，货币交易论的主张开始受到质疑。同时出现了这样的观点：货币起源于一种信用工具，货币的主要职能不是交易，它是一种"债"，是一个信用符号。

读到这里，缺乏基础金融知识的读者可能一时脑子会转不过来，货币不是用来交易的吗？

确实不是。或许一提到钱，我们第一个会想到买卖东西，但在现实中，用于商品买卖的货币数量在全部发行的货币总量中只占了很小的比例。以我们国家为例。2020年，社会消费品零售总额不到40万亿元，这笔钱大致可以算作用于交易的货币量。那么用于投资的货币量是多少呢？A股的总成交额是200万亿元左右，债券市场的结算量，差不多接近1500万亿元，这些都是用于投资的货币量。[1]

也就是说，用于投资的货币量差不多是用于交易的货币量的四十倍以上！这还是一个非常粗略的估算，实际的差异要更加悬殊。所以，在我们这个时代，交易已经退化为货币的一个次要功能，它主要承担投资的职能，是信用工具。

因此，著名经济学家凯恩斯（John Maynard Keynes, 1883—

---

[1] 数据来自国家统计局网站，2020年度数据。

1946）在其著作《货币论》（*A Treatise of Money*，1930）的开篇就指出，货币本质上是"记账货币"（money of account），即"表示债务、价格和一般购买力的货币"[1]。

假如要将货币看作一笔债务，可能又会有读者觉得费解：我手里拿着的钱怎么变成债务了呢？难道不应该是我借了别人的钱，然后才形成债务吗？

没错。我们说货币是债务，不是说你欠别人钱，而是别人欠你钱。这个"别人"，就是国家。具体来说，你拿出一张钞票，仔细打量一下，有没有发觉它其实就和一张借条差不多？钞票上印着"中国人民银行""100元"，这不就和借条上的"小A欠小B100元"意思差不多？只不过，这回是国家欠了你100元。你拿着这张钞票去超市，交给营业员，那么就变成国家欠超市100元，你则可以拿着价值100元的东西回家。

债的本质就是信用，而信用其实就是他人对你未来行为的预期。你信用越好，别人越愿意借钱给你，因为他们预期你有能力还钱。这就是货币信用论。

有读者可能会怀疑：货币作为信用工具，是不是现代金融市场发展成熟以后的产物，而早期货币的主要职能，仍然应该是交易？

---

[1] ［英］约翰·梅纳德·凯恩斯：《货币论》，李井奎译，复旦大学出版社2020年版，第5页。

关于这一点，人类学家大卫·格雷伯（David Graeber，1961—2020）在其代表作《债：第一个5000年》(*Debt: The First 5000 Years*，2011)中曾经给出诸多资料，证明早期人类社会的货币就表示一种债。比如大量人类学考察发现，原始部落不存在以物易物的交易，或者只有陌生人之间才会以物易物；早期社会会采用"记账"的方式交易。[1]

在《债：第一个5000年》一书中，这样的例子还有许多，但其中不少的论证都有争议。到目前为止，特别是从考古学家新近几十年发现的两河流域的出土文献中，我们无法得到明确证明货币信用论的证据。因此，最为合理的猜测应该是：货币的交易功能和货币的信用功能，原本是相互分离的两种功能，依附于不同的载体。比如苏美尔人用银子作为交换媒介，用重量单位"谢克尔"计算银子数量，但是他们还另有一种记账单位，即考古学家说的"斜角镶边碗"(BRB)符号，用来计算一个人一天的工作量。随着历史的演变，在一千多年后的亚述商人那里（大约从公元前2000年至前1200年，亚述商人活跃于今日的安纳托利亚半岛），银子就同时担负起交易和信用两种功能，既是交易媒介，

---

[1] ［美］大卫·格雷伯：《债：第一个5000年》（增订版），孙碳、董子云译，中信出版社2020年版，第二章。

又是信用手段。[1]

可能有些读者会想：争论货币是起源于交易还是起源于信用，有意思吗？遥远的历史早已不可考，我们关心的重点难道不应该是货币在现代经济中的作用吗？

问题就在这里：有关货币在现代经济体系中发挥的作用，货币交易论和货币信用论的看法存在根本的不同。

按照货币交易论，货币就纯粹是个帮助我们交换商品的工具，跟社会经济好不好没关系，最关键的是它要安分一点。也就是说：价格要稳定；货币不要太多也不要太少；物价不要太高，也不能太低；通货膨胀、通货紧缩都不好。所以，保持币值稳定、严控货币发行数量，是货币当局的货币政策优先要考虑的问题。

然而换作货币信用论，一切都颠倒过来了。首先，信用是一种预期，因此币值稳定不稳定和货币数量无关，而是和人们的预期有关。其次，现实中谁的信用最高？自然是国家，所以只要国家信用不崩溃，就能不受限制地发行货币。最后，国家可以利用货币政策提振人们的信心，刺激投资，进而实现宏观经济的调控。所以货币不是中性的，货币市场直接影响实体经济的运行。

---

[1] Hudson, Michael and Cornelia Wunsch (eds.), *Creating Economic Order: Record-keeping, Standardization, and the Development of Accounting in the Ancient Near East*, Maryland: CDL Press, 2004.

打个比方，我预期小A发展势头很好，十年后能变成大富豪，但现在的小A是个穷小子，我该怎么办？当然是借给小A一大笔钱（风险投资），约定以后小A还给我更多的钱，这样大家都能更富有。所以，货币和社会经济好不好很有关系，政府的货币政策，不是控制货币数量，而是在经济低迷的时候，通过发钱来提振人们的信心，刺激经济增长。时下财经新闻中非常流行的一个词叫MMT，也就是"现代货币理论"，说的就是这个道理。它背后的理论基础就是货币信用论。

货币交易论和货币信用论孰对孰错，这样的争论恐怕还要持续很长时间。但是到目前为止，我们的经济理论对两件事情是可以确知的：一、货币的本质是什么；二、货币如何影响实体经济。

首先第一个问题，货币的本质是什么？答案是"效用"。但是和商品的效用不同，货币的效用是一种间接效用。货币的效用不是来自作为货币的载体。比如一张纸币，作为货币载体的这张纸本身有效用吗？更何况我相信很多人和我一样，出门都不带纸币了，我们的"钱"变成了手机支付软件上的一串数字，这数字有效用吗？如果这张纸、这串数字不能让我们换得能够满足我们需求的商品和服务，它们就什么都不是。

不过有许多人会有这样一种误解，认为这是由于"纸"本身不值钱，如果换作以前金银作为货币的年代，硬通货还是具有效用的。贵金属有效用,这没有错,但是这种效用来源于我们对贵金属的使用(装饰品、工具或者武器)。如果现在我们想要通过贵金属满足食物需求,但又不能用金银换得食物,那么金银的效用又在哪里呢?更确切地说,贵金属本身具有的效用,相比其作为货币而能够换得的那些效用,要狭窄得多。

所以,我们需要货币是因为它能够买到我们需要的东西,而我们需要的东西,才是我们想要得到的效用。货币的效用是一种附属效用,它依附于那些能够买到的商品和服务。

了解货币的本质后,我们就可以回答第二个问题:货币如何影响实体经济。

让我们设想:某个国家的中央银行向全社会投入一大笔钱,计算下来平均每个人手里会得到1万元钱,这时会发生什么情况?

通货膨胀?不会。除非这个国家的全体民众在同一时间里都得到了1万元钱,这样才会导致通货膨胀。而在实际操作中,通常是商业银行最先得到这笔货币,然后用较低的利率将这些货币放贷出去。而对于企业来说,如果银行贷款利率低于投资的预期收益率,那么它们就有激励去获得贷款,扩大投资,增加生产……这时就会出现一种货币增发所导致的繁荣现象,即"货币增发→投资增长→消费提升→经济繁荣"。但是要让这种繁荣持续下去,必须保证企业投资能够不断地获利。这时就会出现一个魔咒:边际收益递减规律,即随着企业投资的增加,其获得的收益的增加是递减的。只有技术创新的出现，才能打破边际收益递减规律。

就像我们在现实中看到的，蒸汽机的发明、电力和通信设施的投入、互联网的扩张，伴随着这些技术创新的，是持续十年左右的经济增长。如果技术创新减弱，那么前面所说的通过货币增加而促成的经济繁荣就难以维系。等到新增货币通过迂回的生产过程蔓延到最终消费品所有者手中时，价格水平已经上升，一切繁荣的利益都为价格上涨的代价所抵消，这时候就会出现经济衰退。

对于这一点，大哲学家休谟很早就已经指出了，"我认为，只有在人们获得货币同物价上涨之间的间隙或中间状态，金银量的不断增加才有利于提高生产情绪"[1]。

货币和实体经济之间的相互影响，导致周期性的经济繁荣和衰退，这一现象被我们称作"经济周期"。在第七章开篇我们提及的经济危机，就是在资本和货币作用下的经济周期中的一环。

最后，总结一下本章的内容：关于货币起源，存在货币交易论和货币信用论两种理论，这两种理论对于货币政策的看法截然相反；货币的本质是效用，是依附于商品之上的间接效用；货币的增加会刺激投资，进而形成繁荣和萧条轮替的经济周期。

---

1 ［英］大卫·休谟：《论货币》，《休谟经济论文选》，陈玮译，商务印书馆1984年版，第33页。

以上是目前经济理论所掌握的关于资本和货币的内容，但是关于资本与货币相互影响的机制，仍然存在着太多的未解之谜。

人们常说，资本是逐利的，金钱扭曲了人心。但是仔细观察资本与货币市场的运作，你就会发现：资本不逐利，人心才逐利；金钱没有扭曲人心，人心反而扭曲了金钱。或许，理解资本与货币之谜的关键，在于读懂人心。然而经济学家最不理解的，就是人心。

经济学小知识进阶

什么是货币数量论？

在本章中，我们提到这么一种论断：一切通货膨胀归根结底都是货币问题。这其实就是货币数量论的观点。

那么什么是货币数量论呢？

货币数量论其实是一种相当古老的观点，早在经济学诞生之前就已经形成了。目前我们所知的货币数量论表述，最早是由哥白尼（Nicolaus Copernicus，1473—1543）——没错，就是那位提出"日心说"的哥白尼——于1522年提出的。[1]

货币数量论的核心内容是用供给和需求原理解释价格水平的变化。简单来说就是：价格由货币的供求决定，给定货币需求的前提下，如果货币供给增加，那么价格水平会上升；如果货币供给减少，那么价格水平会下降。

当代货币数量论的代表人物就是本书中数次提及的著名经济

---

1 ［美］亨利·威廉·斯皮格尔：《经济思想的成长》，晏智杰等译，中国社会科学出版社1999年版，第76页。

学家欧文·费雪,他通过改写商品的交易方程式,形成了货币数量论著名的方程式:[1]

$$MV+M'V'=Pt$$

其中,M是货币数量,V是货币流通速度,M'是活期存款数量,V'是活期存款流通速度,P是平均价格水平,t是交易中的商品和服务数量。如果我们假定货币流通速度不变,交易中的商品和服务数量也不变,那么当货币数量M发生变化时,唯一会改变的就是平均价格水平P。也就是说,当货币数量M增加时,平均价格水平P上涨,当货币数量M减少时,平均价格水平P下降,即一切通货膨胀归根结底都是货币问题。

需要注意的是,这个货币方程式是没有时间维度的,即不存在"货币通过生产过程影响实体经济"的可能,M和P是直接发生关系的。这就是为何我在本章中曾指出,"除非这个国家的全体民众在同一时间里都得到了1万元钱,这样才会导致通货膨胀"。这正是货币数量论的缺陷,它忽视了货币和实体经济之间的相互作用机制。

---

[1] Fisher, Irving, *The Purchasing Power of Money*, New York: Macmillan, 1911, chap. 2.

延伸阅读

本章中提到数位作者的理论和著作。其中亚里士多德的货币理论参见亚里士多德的《政治学》,商务印书馆,1965年8月;亚里士多德,《尼各马科伦理学》,载《亚里士多德全集》(第八卷),中国人民大学出版社,1992年9月。

凯恩斯的理论参见凯恩斯的《货币论》,复旦大学出版社,2020年9月。

格雷伯的理论参见格雷伯的《债:第一个5000年》(增订版),中信出版社,2020年4月。

货币效用论和商业周期的观点,来自米塞斯,参见米塞斯的《货币和信用理论》,商务印书馆,2015年10月。

大卫·休谟的理论,参见休谟的《论货币》,载《论政治与经济:休谟论说文集卷一》,浙江大学出版社,2011年11月。

09
什么是外部性和公共品?

……问题在于如何选择合适的社会安排来解决有害的效应。所有解决的办法都需要一定的成本,而且没有理由认为由于市场和企业不能很好地解决问题,因此政府管制就是有必要的。[1]

——罗纳德·H.科斯

---

[1] [美]罗纳德·H.科斯:《社会成本问题》,《企业、市场与法律》,盛洪、陈郁译校,格致出版社2014年版,第94页。

09 什么是外部性和公共品?

在这一章中,我们要解释两个概念:外部性(Externality)和公共品(Public good)。普通读者可能并不熟悉这两个名词,但它们代表着一种与我们的社会生活密切相关的现象。

假设在某个社会S,枪支买卖是被允许的。有一家枪支生产企业生意火爆,销售了很多枪支,但是这些枪支在社会上引发了大量暴力犯罪事件。这些暴力犯罪事件对社会S而言就是成本,它们的出现和该企业的枪支生产行为有关。简言之,企业的生产经营行为对社会造成了影响,这就是"外部性"。而社会S的政府为了控制暴力犯罪,投入了大量资金购买装备、培训警务人员,以保护民众。政府提供的这些治安服务,就是"公共品"。

不过请诸位读者注意,单从常识性的经验出发,我们对"外部性"和"公共品"的理解往往会陷入误区。所以本章需要做出一些理论上的澄清。

首先是外部性。解释外部性概念要使用两个术语:"社会成本"和"社会收益"。

"成本"和"收益"两个概念，本书的第二章和第三章已有所涉及。不过需要强调的是，和之前的解释稍稍有些不同，此处的"社会成本"和"社会收益"指的都是边际意义上的，即"边际成本"和"边际效用"。

"社会成本"是和"私人成本"相对应的概念。私人成本（边际成本）指的是生产者生产额外一单位的产品或服务所产生的花费，或者说付出的代价。相应地，社会成本则指生产者生产额外一单位产品或服务给社会带来的花费，或者说造成的代价。

"社会收益"则是和"私人收益"相对应的概念。私人收益（边际效用）指的是额外一单位的产品或服务为消费者提供的满意程度。相应地，社会收益则是指社会从生产额外一单位的产品或服务中得到的额外的满意程度。

当社会成本和社会收益与私人成本和私人收益存在不一致，就产生了"外部性"。在一些文献中，"外部性"又被称作"溢出效应"。其中，当社会成本大于私人成本时，这种现象即为负外部性，铁路运营带来的噪声和粉尘污染、工厂排污、酒精类饮料以及香烟等，都是负外部性的例子；当社会收益大于私人收益时，即为正外部性，教育产业（至少是那些有益的教育产业），以及有益于环境的养蜂场和林场等，皆为正外部性的例子。还有些物品，既可以产生正外部性，也可以产生负外部性，比如无线通信使用的频道，在如今这个移动通信普及的时代，无线通信和我们的生活紧密相连，这是正外部性；但别有用心者利用无线通信频道传播违法信息或者窃取私人信息，这就变成了负外部性。

社会成本和私人成本、社会收益和私人收益的划分，最早是由著名的伦理学家西季威克（Henry Sidgwick，1838—1900）在他的《政治经济学原理》（*Principles of Political Economy*，1883）一书中提出的。但真正将外部性概念发扬光大的，是著名的剑桥学派经济学家、传统福利经济学权威阿瑟·庇古（Arthur Cecil Pigou，1877—1959），是他将这一概念变成了福利经济学理论体系的支柱。

读到这里，有些读者可能会有些奇怪：这个外部性概念的意义，或者说，区分社会成本和私人成本的意义，究竟是什么？

这就必须提到庇古的经典著作《福利经济学》（*The Economics of Welfare*，1920）中的一段话："甚至在最先进的国家，也存在许多缺陷和不完善之处。……存在许多妨碍社会资源……以最有效的方式进行分配的障碍。对这些障碍的研究成了我们现在问题的本质。……它的目的基本上是实践性的。它试图寻求更高瞻远瞩的方式，按照这种方式，政府现在或最终会控制经济力量的游戏，以此来促进经济福利，并由此促进其所有公民总的福利。"[1]

如果不了解经济学理论的发展脉络，可能无法感知这段话的重要性。简单来说，自1776年经济学诞生以来，主流经济学理论都是市场经济的坚定捍卫者，但是庇古《福利经济学》的问世标志着经济学家群体的转向，即转为怀疑市场经济、支持政府干预，认为"政府现在或最终会控制经济力量的游戏"。

那么庇古为何会主张政府干预呢？关键就在于"外部性"。一旦存在外部性，市场配置资源的方式就不再是最有效的，甚至可能会损害社会总体福利，即出现市场失灵。

图9.1和图9.2分别是代表负外部性的铁路运输和代表正外部性的养蜂场的例子。图9.1，其中横轴表示铁路运输服务的数量，纵轴表示价格；线段D是需求曲线，因为在负外部性的例子中社会收益和私人收益一致，所以D_{mpb}（表示私人收益曲线）和D_{msb}（表示社会收益曲线）是同一条线（此处有一个经济学小知识：通常我们说的需求曲线，实际上是边际效用曲线的一部分，而供给曲线则是边际成本曲线的一部分）；线段S_{mpc}表示由私人成本决定的供给曲线，而线段S_{msc}表示由社会成本决定的供给曲线。

按照局部市场均衡理论，当供给曲线和需求曲线相交，达到了均衡，确定了最优的产量和最优的价格。在图9.1中，我们可以

---

[1] Pigou, A. C., *The Economics of Welfare*, London: Macmillan, 1986, pp. 129–130.

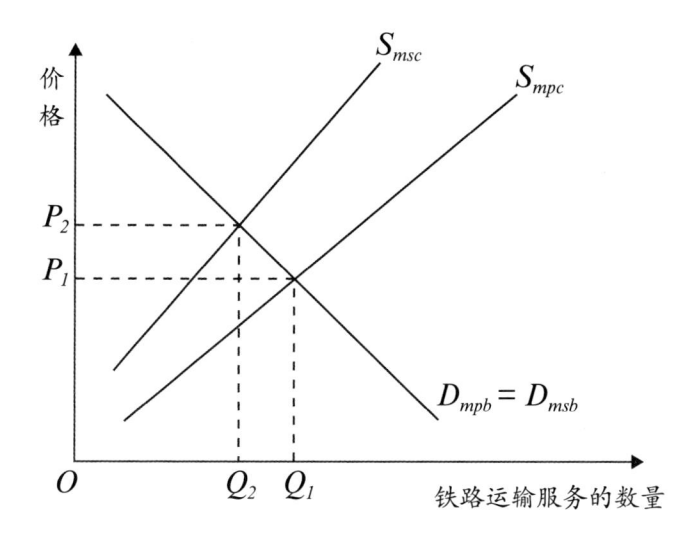

图9.1 负外部性：铁路运输

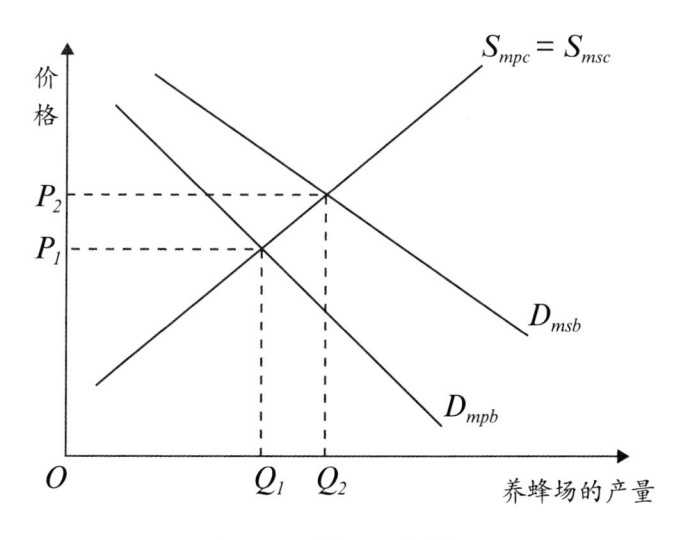

图9.2 正外部性：养蜂场

发现，如果生产者按照私人成本进行生产，那么均衡时候的最优产量为Q_1，价格为P_1（沿着线段S_{mpc}和需求曲线相交的点，分别作垂直于横轴和纵轴的线段即可确定）；如果生产者按照社会成本进行生产，那么均衡时候的最优产量为Q_2，价格为P_2。

图9.2，其中横轴表示养蜂场的产量，纵轴表示价格；线段S是供给曲线，因为在正外部性的例子中社会成本和私人成本一致，所以S_{mpc}（表示私人成本曲线）和S_{msc}（表示社会成本曲线）是同一条线；需求曲线则有两条，分别是由私人收益决定的需求曲线D_{mpb}和由社会收益决定的需求曲线D_{msb}。类似地，如果按照私人收益进行生产，那么均衡时候的最优产量为Q_1，价格为P_1；如果按照社会收益进行生产，那么均衡时候的最优产量为Q_2，价格为P_2。

很显然，从图9.1中我们可以看出，$Q_1 > Q_2$；从图9.2中我们可以看出，$Q_1 < Q_2$。用通俗的语言表达就是：当存在社会成本和私人成本差异时，根据私人成本组织生产，对社会有害的产品就过多了；当存在社会收益和私人收益差异时，根据私人收益组织生产，对社会有益的产品又过少了。由此得出结论：通过市场配置资源的方法不能最大化社会福利，因此需要政府的干预。

那么如何干预呢？这就是"庇古税方案"。简单来说，就是对造成负外部性的企业——在图9.1中就是铁路公司——征税；企业会把税收计算在其生产成本之内，因此就强行抬高了企业的私人成本。最理想的情况是通过这笔税收让企业的私人成本和社会成本相一致,那么企业就会按照社会成本进行生产,均衡时的最优产量为Q_2,价格为P_2。然后,政府将征收上来的税收,通过转移支付,补贴给那些对社会有益的企业——在图9.2中就是养蜂场,将其私人收益拉升至社会收益的水平,让企业能够按照社会收益进行生产,均衡时候的最优产量为Q_2,价格为P_2。就这样,政府干预既减少了企业对社会造成的损害,又促使企业生产更多对社会有益的产品,真正做到了资源的合理配置,社会福利也获得最大化,两全其美。

乍一看似乎很有道理,是不是?别急,等我们介绍完了公共品概念,就会揭示"庇古税方案"背后存在的严重问题。

现在让我们转向"公共品"概念。经济学中,所谓的"公共品"是一个很容易让人迷惑的概念,它的定义很简单,但在具体应用的时候却无比复杂。

首先,顾名思义,公共品应该是和公共领域相关的物品。请注意,这样的理解并没有错,在经济学家提出"公共品"概念之前,这个词早已存在,它就是指和公共领域相关的物品或者服务。

1954年,大名鼎鼎的经济学家萨缪尔森(Paul Samuelson,1915—2009)发表了一篇财政学论文,讨论公共支出理论。在论述过程中,萨缪尔森认为存在一种"特殊"的物品,其性质是一种"共享物品","个人消费这种物品时不会减少他人对该物品的消费",并且,"人们在消费这类物品时,其边际成本为零"。[1]由此,"公共品"在经济学中的定义得以确定:具有"非竞争性"(nonrival)和"非排他性"(nonexclusive)两个特征的物品。

所谓"非竞争性",指的就是在供给方面,向额外的消费者提供这类物品的边际成本为零。所谓"非排他性",指的就是在需求方面,在消费这类物品时他人不能被排除在外,你可以消费,别人也可以消费。在现实中,国防、治安、消防、公共频道等都是典型的公共品。

看着很简单?其实不然。举个例子,公共道路(此时我们排除所有收费的公路,比如国内绝大多数的高速公路)是不是公共品?

你在马路上走,不能阻止别人同时也在马路上走,符合非排他性;多一人走或少一人走,对马路都没有什么影响,符合非竞争性。所以,公共道路是公共品?

不一定。请读者们再想一想交通拥堵的情形。当道路堵得水泄不通的时候,其他车辆想驶进这条道路就无比困难;同时,多一辆车或少一辆车,也会对道路的使用造成极大的影响。这时候,公共道路显然不符合公共品的定义。

---

[1] Samuelson, Paul A., "The Pure Theory of Public Expenditure", *The Review of Economics and Statistics*, 36 (4), 1954, pp. 387–389.

事实上不仅是拥堵的道路，即便是国防、治安这类纯公共品，当社群的人口密度超过其资源所能承受范围之后，也会出现供给上的竞争性问题。（想一想某些国家警察无力维护治安时，有钱人雇佣私人安保的情形。）一旦出现"拥挤"，所有的公共品都会转变为经济物品（经济物品是对应于公共品的分类，即具有"竞争性"和"排他性"的物品）。

再举个例子，高等教育（非义务教育）是不是公共品？

仍然从供给和需求的角度来考量。从供给方面看，当教师（只要不是什么明星讲师）上课时，教室没有被挤爆，同时学校也允许外人旁听，那么教室里多一位或者少一位听课者，没有太大影响，因此这符合非竞争性。至于需求方面，诸位听课的目的是什么？是为了获取知识？这类崇高的目的让我们暂时放在一边。经济学比较实在，对于绝大多数大学生来说，在大学课堂里上课的目的，就是获得四年后的一纸文凭。一张文凭对应一个人。所以在需求方面，这具有消费上的排他性。

因此高等教育只符合公共品的一个特征，属于准公共品。更准确地说，高等教育是"俱乐部物品"，即具有非竞争性，但不具有非排他性的物品。

除了以上两个例子，科学研究、医疗保障、公海上的救援服务以及自然风光等，是否属于公共品呢？其实都需要仔细斟酌。

看到这里，相信许多读者会觉得，这个看似简洁、精准的公共品定义，一旦应用于现实问题，就一点都不好用，相当麻烦，还不如简简单单地将公共品界定为公共领域的物品来得方便。既然如此，那么经济学为何还要发明这么一个"公共品"的概念呢？

请再仔细打量一下公共品的两个特征：非竞争性和非排他性。具体地说，当某种物品成为公共品时，它能给小A带来效用，同时也能给他人带来效用，并且多一人消费时，其边际成本为零。也就是说，公共品这东西，给个人带来的效用和其社会效用不一致。

这就是经济学所定义的公共品概念的实质，公共品其实是一种具有极强外部性（通常是正外部性）的物品。

对于经济学家而言，公共品的这种外部性会导致"搭便车难题"。因为消费者在使用这类物品时不能排除他人使用；同时，多一人或者少一人消费，其边际成本都为零，那么所有人都希望使用该物品，却没有人愿意付费，即大家都想搭别人的"便车"。最终，尽管所有人都希望消费这类物品，却没有人愿意生产。再一次，通过市场来配置资源的方式失灵了。

因此，萨缪尔森以及无数追随萨缪尔森的经济学家断言：政府干预是解决"搭便车"难题的唯一方案，只有政府才能提供公共品。再一次，政府干预成了唯一的解决方案。[1]

---

[1] 转引自 Coase, R. H., "The Lighthouse in Economics", *The Journal of Law & Economics*, 17 (2), 1974, pp. 357–376。

让我们暂时放下经济学，从常识出发，想一想：这个论断对不对，私人就不愿意提供公共品吗？

现实中，私人企业投资或承建道路、桥梁的例子比比皆是，这是由于私人企业能够从道路或桥梁建设中获利，比如设立收费站。通过私人安保提供治安服务，甚至通过雇佣军（例如著名的瑞士雇佣军）提供国防服务，直到今日，这在某些国家和地区依然存在。再想想那些伟大的艺术和文学创作（已进入公共版权领域的作品），互联网时代的各类开源软件，其中有多少是国家提供的，又有多少属于个人创作？

事实上，只要解决了付费问题，私人是有激励提供公共品的。前面提到的"俱乐部物品"就是由著名经济学家、诺贝尔经济学奖获得者布坎南（James M. Buchanan，1919—2013）提出的用来解决公共品供给的一种方案，即有些物品确实在供给上具有非竞争性，但是倘若我们能够人为设置某种消费限制，那么由私人来提供这类物品依然是可行的。[1]比如电影院，多一人或者少一人看电影，放映电影的边际成本都为零（只要电影院没有被挤爆），那么通过设置准入限制，比如必须付费买电影票才能看电影，私人就能运营电影院。这就是"俱乐部物品"（这个名词来自会员制俱乐部，其提供的各种物品和服务，大多属于准公共

1　Buchanan, James M., "An Theory of Clubs", *Economics*, 32 (125), 1965, pp. 1-14.

品）。类似地，付费的电视节目、收门票的公园、收费的游泳馆等，都属于"俱乐部物品"。

因此，"私人能够提供公共品"本就是一个常识。而萨缪尔森的"公共品"定义，完全是一个专门为其理论服务的概念，是"纸上谈兵"的产物。

然而，这样的常识，却碍于萨缪尔森的权威及其徒子徒孙人云亦云的误导，长期在经济学界受到拒斥。甚至，在布坎南提出"俱乐部物品"的概念和解决方案后，他还被萨缪尔森嘲笑是在"扮演上帝"[1]。

1974年，我们的老朋友科斯，在经过数年的准备之后，又发表了一篇论文：《经济学中的灯塔》(*The Lighthouse in the Economics*, 1974)。许多萨缪尔森的粉丝至今仍然不愿提及这篇文章。

萨缪尔森在他曾经畅销不衰的经济学教科书《经济学》(*Economics: An Introductory Analysis*，该书第1版出版于1948年，截至2010年，最新版为第19版)中，将灯塔视为能够证明公共品必须由政府来提供的经典案例。这个案例实际上源自英国经济学传统。前面我们提及的西季威克和庇古，都使用过这个案例。

在《经济学》第6版中，萨缪尔森写道："这是政府服务的最

---

[1] Samuelson, Paul A., "Pitfalls in the Analysis of Public Goods", *The Journal of Law & Economics*, 10, 1967, pp. 199–204.

新例子：灯塔。它们拯救生命和货物；但是灯塔管理者很难向船主收取费用。所以……'私人利益和货币成本……同真正的社会利益和成本是有差异的'，哲学家和政治家通常都承认在'私人利益和社会利益的外部经济差异'的情形下政府角色的必要性。""即使灯塔经营者……能够向附近的使用者收取费用，该事实并不能保证灯塔服务能够像私人物品那样，根据市场决定的个人定价，以社会最优的方式提供出来。""生意人不会为了利润而建造灯塔，因为他不能向每位使用者索要费用。这肯定是政府自然而然要承担起来的事业。"[1]

以上这段话中萨缪尔森表达了两个观点：一、灯塔这类服务必须由政府来提供；二、即便私人能够提供，也不应被允许，因为供给达不到社会最优状态。

而科斯通过查阅大量历史档案，特别是19世纪英国议会有关灯塔建造和维护的法律文件，最终证明萨缪尔森是错的。

英国灯塔的建造和管理机构是领港公会（Trinity House），该公会是一个海员家属组织，其性质应当属于由政府资助的私人组织。领港公会大约成立于16世纪初，由海员行会演变而来，1514年获得王室颁发的许可证。然而，到1842年经议会立法由领港公会将私人手中的灯塔全部收购之前，绝大多数灯塔是由私人

---

[1] 转引自Coase, R. H., "The Lighthouse in Economics", *The Journal of Law & Economics*, 17 (2), 1974, pp. 357–376.

建造并维护的。例如在1820年，全英国46座灯塔中的11座是领港公会建造的，34座是由私人建造的。

历史证据显示，私人有激励建造和维护灯塔，前提是相关费用能够通过具体的制度安排得到补偿，即私人能够通过提供灯塔服务而获利。相反领港公会这类组织，即便在政府财政支持下，也缺乏激励去提供灯塔服务。因此科斯得出结论：给定具体的制度安排，解决非排他性——收费困难——之后，私人是完全能够提供灯塔这类公共品的，而"政府的角色仅限于灯塔产权的确定和执行"。[1]

值得一提的是，萨缪尔森拒不承认错误，但是悄悄更改了观点。最新版的《经济学》（第19版）是这么写的，"最近的历史研究发现英格兰和威尔士的灯塔在早期实际上是由私人提供且能够获利……"，但美国的历史表明"只有当政府资金支持美国灯塔服务之后，才开始在佛罗里达海峡沿岸建造灯塔，沉船事故才开始减少……""如今灯塔不再是公共品的核心议题……取而代之的是提供全球导航系统（GPS）的卫星的例子，它们也是由政府免费提供的公共品"。[2]（这段话中存在另一个错误，政

---

[1] Coase, R. H., "The Lighthouse in Economics", *The Journal of Law & Economics*, 17 (2), 1974, pp. 357–376.
[2] Samuelson, Paul A., William D. Nordhaus, *Economics (19th Edition)*, New York: McGraw-Hill, 2010, p. 37.

府从来不会"免费提供"任何物品，关于政府的解释，参见本书第十一章。）

不管经济学家们承认与否，科斯都向我们证明：公共品的存在不意味着市场会失灵，给定合适的制度安排，私人就能够且愿意提供公共品。

当我们解决了公共品难题之后，再回过头来审视"外部性"和"庇古税方案"。再次强调，公共品本质上就是具有极强外部性的物品。既然公共品的生产和消费能够通过特定的制度安排妥为解决的话，那么是不是意味着外部性问题归根结底也是制度问题？

正是如此。事实上诸位读者仔细想一想，外部性无处不在。只要我们生活在社会之中，无论是生产还是消费行为，都会对他人造成好的或者坏的影响，产生正的或者负的外部性。正如布坎南的导师、另一位大师级别的经济学家奈特（Frank Hyneman Knight，1885—1972）所指出的："在真实意义上，人们对商品和服务的需要都不是对商品和服务本身的需要，而是社会影响的结果。这些社会影响有无数种类，属于各个道德层面，并在很大程度上是由竞争体系本身塑造的。"[1]因此，只要市场经济存在，只要我们的生活依赖于市场经济，外部性便不可能消除，而"庇

1　Knight, F. H., "Some Fallacies in the Interpretation of Social Cost", *The Quarterly Journal of Economics*, 38 (4), 1924, pp. 582–606.

古税方案"更是不可行。姑且不论在实际操作中是否真的能征收让企业的私人成本和社会成本相一致的税收,单单论政府,政府自身就是最大的外部性——政策的好坏会影响社会全体成员;此外,政府还具有无效率性质(想一想行政办事的低效率,国有企业、公共事业的资源浪费)。因此就像科斯指出的,"庇古税方案"本身就是一种高成本、低效率的解决方案。

让我们再换一个思路:倘若我们拥有完善的法律规章,并且能够有效执行相应的法律规章,强制企业承担生产经营时的环境保护责任,是不是等同于让企业将社会成本纳入自身的私人成本核算?换言之,良好的制度安排,才是解决外部性的最佳方案。而政府的职责,就在于制定、执行和维护这类良好的制度安排,就像奈特指出的,"除了保护弱者,国家还必须界定和保护产权、强制契约的履行,防止非契约(强迫)交易,维护流通媒介,尤其要防止串谋和与竞争所对立的、趋向的垄断"[1]。

最后,总结一下本章内容:在这一章中,我们介绍了两个概念,外部性和公共品;在主流经济理论中,社会成本和私人成本、社会收益和私人收益的不一致,形成了外部性;外部性的存在会造成市场失灵,因此需要政府干预,即"庇古税方案";而公共品是指具有非竞争性和非排他性的物品,大家都想使用这类

---

[1] Knight, F. H., "Some Fallacies in the Interpretation of Social Cost", *The Quarterly Journal of Economics*, 38 (4), 1924, pp. 582–606。

物品却没有人愿意提供，就会产生"搭便车"难题，因此公共品也会导致市场失灵，需要政府来提供公共品；然而事实上，公共品是一种具有外部性的物品，而外部性的实质是人们的行为相互影响，外部性和公共品归根结底都是制度问题，只有通过良好的制度安排才能解决外部性和公共品问题。

在本章中，我们反复提及了"制度"这个名词，那么制度究竟为何物呢？要解释制度，就需要我们突破经济学自身的限制。

经济学小知识进阶
什么是"科斯定理"?

在本章中,我们提到了用来解决外部性的"庇古税方案"。实际上在主流的经济学教科书中还有一种解决外部性的方案,这就是"科斯定理"(Coase theorem)。如果说"庇古税方案"被认为是政府解,那么"科斯定理"就是市场解。

首先让我们简要地概括主流教科书对"科斯定理"的解释。仍旧以铁路公司为例,铁路运输对铁路沿线的居民造成了粉尘和噪声污染,如果不使用"庇古税方案",有没有其他解决方法呢?答案是谈判。铁路沿线的居民可以组织起来,和铁路公司谈判。如果谈判没有成本,双方可以反复讨价还价一直谈下去,那么最终有可能达成的结果要么是居民足够强势,把铁路经过的土地产权给买下来,让火车改道;要么是铁路公司足够强势,把居民居住的土地全部买下来,让居民搬家。无论哪种方案,都通过重新确定产权归属的方式消除了社会成本:居民可以通过购买土地的方式不让铁路公司造成污染,铁路公司则可以通过购买土地的方式，在自己的土地上污染，相当于自己承担污染成本——前提是假设这些污染不会蔓延到属于铁路公司的土地之外。这样一来，就解决了外部性。

看着也很不错，是不是？其实完全错了。

首先，作为术语的"科斯定理"其实不是科斯提出的，而是经济学家斯蒂格勒（George J. Stigler，1911—1991）在他的微观经济学教科书中提出的。其次，"科斯定理"原本的表达是，"……因此科斯定理主张在完全竞争条件下私人成本等于社会成本"[1]。

这句话不太好理解，其实斯蒂格勒的意思是，按照庇古的经济学理论体系，是没办法推出存在私人成本和社会成本不一致的情况的，亦即，科斯定理的本义是，社会成本是一个伪概念。科斯后来认同了斯蒂格勒的说法。

然而，主流教科书所记录的却是一个被无数二、三流经济学家以讹传讹后的版本。试问：假如认为我们可以通过无休止的谈判（谈判就是交易的一种形式）来解决外部性问题，那么潜台词岂不是说，制度是不重要的，市场交易本身就能解决问题？这和科斯等人提出的观点（社会制度是解决外部性问题的最佳方案，制度非常重要）完全相悖。

---

[1] Stigler, George J., *The Theory of Price (3rd edition)*, NY: Macmillan, 1966, p. 113.

延伸阅读

本章中引用了数篇文献中的内容，其中一些至今未有中译版本，在这里仅列出已有中译版本的文献。

其中庇古关于外部性的讨论，参见庇古的《福利经济学》（上卷，第二编第二章），商务印书馆，2006年9月。

萨缪尔森的公共品概念，可以参见萨缪尔森和诺德豪斯的《经济学》（第19版）（上），商务印书馆，2012年1月。

科斯的观点，参见科斯的《经济学中的灯塔》，载《企业、市场与法律》，格致出版社，2009年6月。

奈特的观点，参见奈特的《社会成本解释中的一些谬误》，载《弗兰克·奈特文集》（卷一），浙江大学出版社，2016年12月。

10
什么是制度?

这些围墙很有趣,一开始,你憎恨它们,然后你习以为常。过了足够长的时间之后,你非常依赖它们。这就是"被制度化"了。

——《肖申克的救赎》

到了这里，本书其实已经把标准经济学教科书的主要内容，也就是微观经济学的基础内容和一部分宏观经济学的内容，大致介绍完了。在接下来的章节中，我们就将尝试着突破经济学的界限，将经济学的思维方式运用于其他领域。

这种突破需要从经济学自身开始。请读者诸君回忆本书第一章的内容，我们说经济学研究的是选择。接下来，在第二章中我们详细分析了选择问题，即"权衡取舍"，其中，约束条件是选择行为的三要素之一，也是迫使我们做出选择的前提。比如"选择奶茶还是咖啡"这个例子中，其实最关键的就是收入约束。如果不存在收入约束，钱怎么花也花不完，那诸位还用考虑什么？想要什么就买什么，不想要的也买，根本不需要选择。所以我们说，权衡取舍就是指在约束条件下如何尽可能地满足自身的欲求。

可是，不知道有没有读者想到过这样一个问题："约束条件"本身能不能被选择？

这个问题是不是有些脑洞大开？没错，但绝非异想天开。因为，一旦你想到这个问题，那么整个经济学的模样就会开始改变。跟着这个问题，又会有一连串的问题连带着冒出来：为什么要选择约束条件？选择约束条件之后经济学原本对行为选择所做的分析还有没有用？如何选择约束条件？……

不过先别急，还是先思考最初的问题：我们能否选择约束条件。想要知道约束条件是不是可以选择，首先就要搞清楚这个约束条件究竟是什么。这就需要我们仍然运用庖丁解牛的方式，进一步剖析约束条件这个对象。

首先，约束条件，顾名思义，指的就是限制我们行为的条件。那么，什么样的因素能够限制我们的行为呢？

能够约束我们行为的，当然是无处不在的"稀缺性"。比如土地是稀缺的，自然资源是稀缺的，人的精力是稀缺的，时间是稀缺的，还有收入也是稀缺的……

等一等，诸位读者有没有察觉，最后这个"收入是稀缺的"，和前面那些稀缺性，有些不太一样？

土地、自然资源、人的精力（生理条件），还有时间，这些都属于客观的约束条件，更确切地说，它们都是自然法则。比如时间，一天只有24小时；比如石油或者天然气这类自然资源，至少在目前的地球上，它们的蕴藏量是有限的。如何应对客观的约束条件，这属于科学研究的范畴，取决于科学发展的程度，以及由此带来的技术进步。也就是说，我们可以通过技术的改进，来部分放宽乃至消除这类约束条件，从而改变我们的行为选择。

比如新能源的研发，可以让我们逐渐摆脱对传统能源的依赖，那么石油这类资源对于我们行为的约束就会放宽，甚至有可能消除。我们的行为选择也可能因此发生变化。

再比如时间。无论是什么时候，在什么样的社会，对于任何人来说，时间的约束永远都存在。那么这个约束条件能够更改吗？事实上是可以的。从古至今，越来越快速的交通工具，越来越便捷的信息沟通方式，以及使人类平均寿命延长的医疗技术进步，这些技术进步其实都在一点点地放宽时间对于我们行为的限制。相比古人，我们花费同样的时间能够拥有更多的选项，可以做更多的事情。

但收入约束却与这些客观的约束条件存在着本质上的不同。请想一想，动物社会，比如蚂蚁、蜜蜂的社会，会不会存在收入约束？严格来说，对于动物群体而言，限制它们生存的，是资源——也就是食物——的约束，而不是收入约束。

有些读者可能会觉得，我是不是在咬文嚼字、钻牛角尖？我们获得收入，难道不也是为了获取资源，获取食物，满足生存之所需？

获取资源，确实是我们的收入可以实现的目的之一。但是人类发明的"收入"的概念，另有一层含义。试想：之前我们说，资源约束可以通过科技进步得以解决或者缓解，那么收入这类约束条件会不会因为纯粹的技术进步而发生改变？

历史上，伴随着技术的革新，生产所运用的工具日益先进，这使得我们付出同样的劳动可以得到更多的产出。但这并不意味着你的收入也能提高，有时候甚至还可能导致你的收入下降。比如工业化生产普及之后，部分工人就曾因为被机器取代工作，而发起砸掉机器的运动。自此以后，一旦有科技创新令机器取代了人的岗位，就会有许多人抱怨说，技术进步不仅没有为人们带来更多的收入，反而导致富者越富、穷者越穷，社会贫富差距扩大。

那么问题就来了，科技分明提高了生产效率，为人类创造出更多资源，为何解决不了收入约束、贫富差距问题？

这里的关键问题在于：究竟是什么决定了你我的收入？更准确地说，是什么决定了你我应当获得收入，以及获得多少收入？

面对这个问题，有很多人——包括经济学家在内——的第一反应就是"劳动"，劳动创造收入。这样的想法没有错，毕竟俗话说得好，有所付出才有所得。可是，如果你是在孤岛上独自一人生活的鲁滨孙，那这个答案才是正确的：你付出劳动，才能生存。然而，一旦有了"星期五"，一旦"星期五"又被鲁滨孙当作奴隶,那么谁又能保证"星期五"辛苦干活就能获得报酬呢?

当鲁滨孙独自一人时,他通过投入劳动,和自然发生交换关系,换取生存所需资源。但是有了"星期五"之后,在鲁滨孙和"星期五"之间,还要确定一种关系,一种只有在两人或两人以上的人类社会中才会具有的关系:有价值的特定资源归谁所有。这种归属权,就是我们通常说的"产权"(财产权利)。自然资源被赋予产权属性之后,才成为归属某人或某些人的"收入"。

这就是自然界和人类社会的差别,是自然关系和社会关系的差别,是自然法则和社会制度的差别。

因此,人类社会中的产权制度决定了你我应当获得收入,以及获得多少的收入。任何一个社会,不论是奴隶社会还是法治社会,都有一套相应的法律制度在决定着你我的收入:是法律确定的产权制度规定了哪些财产应当归我所有;是《劳动法》《合同法》等法律法规规定了我付出劳动就应该得到相应的报酬。

当然,还需要补充一下,除了这些摆在明面上的规则,其实每个社会都还有一套潜藏在人情往来中的风俗习惯,它们也是一种产权制度,也在决定着你我的收入。

明文的法律,以及没有明文规定却暗含在社会文化中的潜在规则,它们有一个统一的称呼:制度。

这就是收入约束和其他那些客观约束条件的不同:它本质上是一种制度约束。其实不光是收入,凡是属于人类社会特有的、

"人为"而非"自然"的那些约束条件，都是制度约束。

制度一方面保护着我们，另一方面又约束着我们。不知道你有没有看过电影《肖申克的救赎》？如果没有，我强烈推荐你去看一下，这是一部非常震撼人心的电影。在这部电影中，有一段情节：一位在监狱中待了50年的老囚犯获得了自由，但是他却不愿离开监狱。此时，由著名影星摩根·弗里曼扮演的角色瑞德，说了一段经典台词："这些围墙很有趣，一开始，你憎恨它们，然后你习以为常。过了足够长的时间之后，你非常依赖它们。这就是'被制度化'了。"

我们每个人，从出生到死亡，都生活于制度的围墙之下。政治、法律、文化以及经济现象，其实都是制度现象。市场本身也不是在真空中，而是在制度的规范下运行的。

在本书的第五章，我们在讨论市场的时候，提到价格机制是引导资源流通的前提。不知道有没有读者想过，价格机制不一定起作用。比如有些企业低价倾销，就会把消费者都吸引过来，挤垮竞争对手；或者各大企业串谋，抬高价格，让消费者必须支付更多钱。这些都是价格机制失效的情况。所以，要想让价格机制更好地运作，就必须依靠一系列的制度约束，比如禁止哄抬价格、禁止价格串谋、禁止价格操纵等等。

曾经我们将价格机制比作红绿灯。可是红绿灯只是个信号装置，它如何能约束众人的行为，让我们遵守交通秩序呢？是因为交警会罚款吗？不，交警的判罚也是根据红绿灯做出的，也就是看你有没有闯红灯。能够约束众人的行为，让我们遵守交通秩序的，是红绿灯这个信号装置背后的制度条件，也就是"红灯停、绿灯行"这个规则。这就是制度约束，要是没有这样的制度，再多的红绿灯都没有用。

类似地，在市场经济体系中，价格机制要能够引导资源的流通，前提必须是它发出的信号是有效的。而要让价格信号有效，就必须存在一系列规范市场交易的制度约束。

举一反三，不仅是价格机制，整个市场经济就是由无数制度安排所构成的。我们曾说市场是每一个现代人的生活方式，而生活方式本身，其实就是各式各样的制度约束：商品买卖要有制度约束，资本流通要有制度约束，货币发行要有制度约束，生产消费要有制度约束，委托代理、人事雇佣、工资收入……皆要有制度约束。不仅是这些与经济生活密切相关的领域，那些与经济无直接关系的领域，比如政治领域、文化领域，其实也是由无数的制度安排组成的。

由此可见"制度"这个约束条件有多么重要。人类社会就是由无数制度塑造而成的一个复合体，这是社会学家很早就发现的一个道理。

相比之下，经济学家对制度约束的关注要晚得多。不过，当意识到这一点的时候，我们也就触及了经济学的边界：既然人类社会的一切行为都是特定的制度现象，那么我们前面所分析的一切经济现象，皆为特定制度条件下的现象。所以现在我们可以说：一切行为选择都是特定制度约束下的选择，一切经济绩效都是特定制度约束下的绩效，一切经济增长都是特定制度约束下的增长；如果制度条件发生改变，那么我们的行为选择、经济绩效以及经济增长，都会发生根本性的改变。

可是，制度究竟能否改变？如果能够改变，那么又是如何改变的呢？这样一来，最终还是回到了那个问题：我们能不能选择约束条件，能不能选择制度？

要知道制度能否改变，我们首先要弄清楚制度是如何形成的。

许多人抱有一种误解，认为社会制度就是那些明文规定的法律规章，法律规章都是由国家制定的，或者是归大人物管的事，和普通人无关。其实不然。就像监狱的围墙还需要依靠犯人劳动才能建造起来，我们的社会制度其实是生活在该社会中的每一个人行为的结果。

让我们用最简单，也是最常见的一项制度作为例子，也就是"靠左走""靠右走"这个交通规则，来看看如何用经济学的方式解释制度的形成。

不同国家有不同的道路规则。有些国家规定靠左走，比如英国；有些国家则规定靠右走，像我国。现在让我们想象这样一个情境：有个人来到一个完全陌生的地方，站在一条险峻的

10 什么是制度？

道路上，一侧是峭壁，另一侧是悬崖；道路很窄，勉强能允许两人肩并肩通过；他根本不知道这里的行路规则是什么。他该怎么做？

下面还是请本书御用男主角小A登场，假设他就是这个不知道该怎么办的人。此时他看见迎面走过来一个人，如果他和这个人再这么走着，就得撞在一块儿。这时小A有两个选择：靠右走，或者靠左走。对面那个陌生人，也是面对这么两个选择。

可能的结果有三个：第一，两人都靠右走，顺利通过，各走各路；第二，两人都靠左走，结果和第一个一样；第三，小A靠右走，陌生人靠左走，或者小A靠左走，陌生人靠右走，那么两人就撞在了一起。

作为一名"经济人"，毫无疑问，第三个结果是小A想要避免的，除非对方是帅哥美女，小A别有用心。但问题是他怎么能知道对面那个人是选左还是选右呢？如果他能先打个招呼，告诉对方自己的选择，那么事情也就好办了。但是我们假设他俩不能打招呼，甚至连个暗示都不能有。这时候会发生什么？再假设，如果小A不是只和陌生人相遇一次，而是要相遇无数次，但每次都不知道对方是谁，那又会发生什么呢？

小A只能猜测对方的选择。于是，我们会看到小A有时候顺利地走过去，有时候撞得鼻青脸肿。但不管是什么情况，都不存在任何的行路规则。小A走在路上，就像是赌博一样，赌对方到底是靠右走还是靠左走。

也就是说,这时候没有制度。

接下来假设这个陌生人是小B。如果小A是第一回遇见小B,那么结果和上文的分析没什么差别,小A还是得赌小B到底是靠右走还是靠左走。但是如果小A反复和小B相遇,认出对方来了,这时候情况就开始慢慢发生变化。因为小A会记得小B上回跟他相遇时候的情形:如果上回小B靠左走,小A碰巧也靠左走,结果两人没有撞一块儿,那么很自然地小A会想这回是不是也应该靠左走;如果上回两人撞一块儿了,没关系,只要两人没有将对方撞下悬崖,伴随着两人不断地迎面相遇,一次又一次的经验会告诉他们应该怎么做,失败乃成功之母。最终的结果只有一个:要么两人都选择靠右,要么都选择靠左,然后顺利通过。

你看,"靠右走""靠左走"这个交通规则就这样通过两个人各自的行为选择,被选择出来了。

所以,制度,同样也是选择的结果。

不过这类行为选择和我们之前解释的行为选择有些区别。用学术用语来说,第二章中我们介绍的行为选择,属于"理性决策理论"。而本章描述的,则是"博弈论",也就是说,制度不是一个人独自行为的结果,而是人与人之间相互交往行为的结果。

制度的形成过程中还有两点很重要。第一,行为人会通过经验学习，记得以前行为选择的结果，吸取教训，以便今后做出更好的选择。第二，行为人要能区分出和他人交往中的一些特别之处。在我们的例子里，小A区分出了对方是小B，意识到自己和对方不一样，这就是人和人之间的差别。类似地，诸如高矮胖瘦这些差别也可以。或者与人无关，而是与时间、地点有关的差别，比如小A发现走在下坡路上的人和走在上坡路上的人，他们的行为选择有所不同。这些特别之处，我们称为"显著性"，特定的制度总是和特定的显著性有关。比如"女士优先"，就和男女性别差异的显著性有关；"先到先得"，就和时间先后的显著性有关。

此外，所有制度分解开来看，其实都是一套行为模式——社会中的个体行为稳定于某种特定的模式。为什么我们需要这样一套行为模式来约束我们的行为？归根结底还是利益。就好像没有行路规则，大家会撞在一起，损失的是大家的利益。当两个或者两个以上的人相遇时，他们各自的行为选择会相互影响，因此利益冲突总是难免的，这时就需要有一套解决利益冲突的机制来规范我们的行为，这就是制度。

最后，总结一下本章的内容：本章的主题是行为选择的约束条件；约束条件可以分为客观约束和制度约束；人类社会特有的那些约束条件，本质上都是制度约束；而制度则是人与人之间交往行为的结果。

既然制度的本质是一套行为模式，那么它应该是可以选择的，亦即我们可以选择约束条件。但是在现实中，我们需要借由一位特殊主体的行为选择，才能改变制度，这就是下一章的主题。

经济学小知识进阶
什么是博弈论？

在讲述制度是如何形成的时候，本章其实使用到了一种标准分析工具：博弈论。在这里我们简要介绍一下博弈理论的几个基础概念。

博弈，英文表达为game，顾名思义，就是"游戏"。博弈理论确实源自游戏，最早是从数学中的赌博理论发展而来的。

博弈理论是用来描述、分析和预测两人或两人以上相互交往行为的结果。通常来说，描述一个博弈时，需要具备以下五个要素。

第一是参与人（Player），即参与博弈的人。参与人必须是两人或两人以上。只有一名参与人，那就回到了我们第二章介绍的内容，单人的选择，称作"决策论"（Decision theory）。

第二是策略（Strategy），即参与人在何种情况下采取何种行动。一名参与人所拥有的全部策略，称作"策略集合"（strategy set）；两名参与人各自的策略构成的组合，称作"策略组合"

（strategy profile）。在本章交通博弈的例子中，小A拥有两个策略：靠右走和靠左走。因此，他的策略集合就是（靠右走，靠左走）。而当小A选择靠右走的时候，小B也选择靠右走，此时（靠右走，靠右走）就是两位参与人的一个策略组合。该博弈有四个策略组合，另外三个分别是（靠左走，靠左走）、（靠右走，靠左走）和（靠左走，靠右走）。

第三是收益（Payoff），又被称作"支付"，即参与人选择特定策略后所获得的效用。

第四是博弈形式（Game form），即每一位参与人可能的策略和每个可能的策略组合所产生的收益。常见的博弈形式有标准形式（Normal form）和扩展形式（Extensive form）。本章交通博弈用博弈的标准形式来表达就是：

小B的策略

小A的策略	靠左走	靠右走
靠左走	1, 1	-1, -1
靠右走	-1, -1	1, 1

最后是博弈的均衡。博弈的均衡就是博弈各方的交往行为稳定于某种事态。和传统经济学说的均衡有些不同，博弈的均衡不

一定是最优的。例如著名的"囚徒困境",其均衡状态是博弈的参与人都选择背叛对方。博弈理论中存在多种均衡概念,目前最常见的主流均衡概念,是纳什均衡(Nash equilibrium),这是由大数学家纳什(John Forbes Nash Jr., 1928—2015)提出的。对于没有数学基础的读者,纳什均衡的标准表达式可能难以理解(尽管从数学角度来看,异常地简洁和清楚),所以这里我们用日常语言表述纳什均衡:在一个多人博弈中,当其他每一个人都确定了他们的策略后,参与人不能通过改变自己的策略来获得好处,那么此时我们可以说现在的策略组合及其对应的收益集合构成了一个纳什均衡。

从博弈的角度而言,制度就是某一个纳什均衡。可以说,纳什均衡道出了人类社会的"天机"。曾经有社会学家问:社会如何可能?现在我们可以回答说:社会因为纳什均衡而成为可能,我们的社会就是由无数个纳什均衡所构成的。

延伸阅读

本章讲述的内容,即新制度经济学的主题,关于新制度经济学,有兴趣的读者可以参见弗鲁博顿和芮切特的《新制度经济学:一个交易费用分析范式》,上海人民出版社,2006年1月。

本章讲述的制度形成机制,是标准的博弈论制度分析的基础内容,有兴趣的读者可以参见萨格登的《权利、合作与福利的经济学》,复旦大学出版社,2022年3月。

博弈论学习需要具备一定的数学基础,对这一内容感兴趣的读者,可以参见奥斯本的《博弈入门》,上海财经大学出版社,2010年3月。

11
什么是政府？

我们可以把政治定义为一种选择。政治被认为是生活在一起的人们对于规则的选择。[1]

——詹姆斯·M.布坎南

---

[1] [美]布坎南:《政治与科学》,《制度契约与自由——政治经济学家的视角》,王金良译,中国社会科学出版社2013年版,第54页。

11 什么是政府？

在上一章中我们介绍了制度的形成机制。从制度的形成机制中我们发现，制度本质上是一套稳定的行为模式。意识到这一点非常重要，因为我们的行为选择从根本上而言都取决于特定的行为模式。仍然是收入约束这个例子。想一想产权制度下的收入约束，假设现在的法律规则被废除，我们规定，所有人，不管是不是资本家，不管有没有付出劳动，一律平均分配所有的生产成果，那么，会发生什么情况？首先会出现的情况不是贫富差距消失，而是你的选择发生根本性改变——你不会再想工作，直接等着分别人的钱就好了。历史上，"均贫富"这类制度选择真实出现过，但基本上没什么好下场。

所以说制度很重要，我们的行为模式关系到我们生活得幸福与否。那么我们是否可以通过改变人们的行为模式，来让每个人都过上向往的生活呢？

事情没有那么简单。

人生而自由，却又无往不在枷锁之中。这众多枷锁中的一个，而且对普通人来说可能是最沉重的那个，正是"制度"。

我们每个人，一出生就生活在社会之中，无所不在的制度约束就好比监狱的围墙，对此我们不仅没有感到不自在，反而无比依赖于制度维持下的社会秩序。此时，大多数人不会考虑制度选择的问题，即便有些人因为遭受社会的伤害而想要改变制度，往往也不知道应该如何做。这就是制度施加于我们每个人身上的"魔法"：我们被"制度化"了。

那么是不是应该说，人不能改变制度，只能乖乖被制度改变？倒也不是，电影《肖申克的救赎》讲述的就是如何以一人之力对抗整个社会制度。但这类经过艺术加工的故事毕竟太特殊了，可遇而不可求，并且在电影中男主角安迪也没有改变制度，他只是突破了制度的牢笼。在日常生活中，更为常见的是另一种方式：我们需要借由一位特殊的行动者做出制度选择。

设想一下：现在小A丢了一部手机，被小B捡到了，小B应不应该归还呢？如果小A和小B都是中国人，不管"拾金不昧"是不是优良传统，根据《中华人民共和国民法典》，同时也根据最高人民法院的司法解释，小B必须还手机。但如果小A和小B是法国人，那么手机就归小B了，不过小A在三年以内都可以问小B要回手机。如果小A和小B是日本人，就更复杂了：小B要进行公告，公告期六个月，在此期间小A可以要回手机，否则手机就归小B；

此外，小A拿回手机时必须支付酬金，小B必须收下酬金，不然小A就违法了。

由此可见，不同社会有关遗失物拾得的制度是不同的，那么谁来决定和执行这些法律制度呢？当然是立法、司法和行政机关。

再来看另一个例子。人类历史上，关于产权，也就是有价值的资源归谁所有这个问题，一直以来有两种制度比较通行。一种是先占先得，谁先占有资源就归谁所有；另一种则是时效取得，也就是先占没用，还得长期有效地控制并使用资源。在国际领土争端中，某个国家说"某某地方自古以来就属于……"，这就是先占原则；另一国说，"自古以来不作数，现在我占着……"，这就是时效取得。那么这两种制度谁说了算？是国家的政府。

发现没有，小到个人纠纷，大到国家争端，都可以看到同一个组织在确立、维护和施行着不同的制度，这个组织就是"政府"。政府就是那位代替全体社会成员做出制度选择的特殊行为主体。

所以，要弄清楚"如何选择约束条件"，归根结底就是要知道政府是如何行为的。

在经济学中，研究政府行为的理论分支，称作"公共选择理论"（public choice theory）。

"公共选择"这个词不太好懂。其实在这个理论刚刚诞生的时候，连经济学家自己也不知道它究竟是做什么的。为此，该理论的创始人之一，我们之前提到过的经济学家布坎南解释说：经济学家总是在说市场会失灵，而公共选择要告诉大家的就是，经济学没办法证明市场一定有效，却能证明政府一定会失灵，所以公共选择理论就是"政府失灵的经济学"[1]。

为什么说政府一定会失灵？最浅显的解释是：从公共选择的角度来看，政府同消费者、企业以及其他组织一样，都是市场中的行动主体。不知道诸位读者是否还记得，在第四章中我说过理性选择不能保证你能得到好的结果。如果政府也是这样一位理性决策者，那么遭遇失败，自然是意料之中的事。

不过读到这里，有些读者可能立刻会起疑心：政府怎么可能是一个"经济人"？其实不光是你，许多专家学者，特别是政治学家，都对此表示怀疑。为了回答这个疑问，我们先来说个故事。

话说有一伙强盗，干着拦路抢劫的营生。一开始，他们打家劫舍，打一枪换一个地方，到处流窜，这就是所谓的"流寇"。从经济学角度来讲，当"流寇"其实很不经济，因为一来收益没保障，二来成本还很高。首先找个有钱的抢劫对象就得耗费不少工夫，而且找到了还不一定抢得到，假如对方是武林高手，挺能打，这时候不仅得不到钱财，说不定连小命都不保。

---

[1] ［美］布坎南：《宪政的经济学阐释》，贾文华、任洪生译，中国社会科学出版社2012年版，第21页。

有一天,强盗们来到一座山下,发现此处地势险要,而且是交通要冲,来往商贾众多,打劫还容易,这下子抢劫收益大大提高。但光是收益高也不成,毕竟利润越高,风险越大:商人会雇镖师,官府会剿匪,还有同行在一旁虎视眈眈……所以收益高了,强盗们就要考虑降低成本的问题。

怎么降低成本?要让商人觉得交买路钱比雇镖师更划算;要让官府觉得剿匪成本太高,只要不惹出大麻烦,便愿意睁一只眼闭一只眼;还要让同行有所忌惮,不敢抢地盘……这时最好的办法就是当"坐寇",占山为王:为奉上买路钱的商人们提供安全保障,让他们在这片山头畅通无阻;同时把增加的抢劫收入用来招兵买马,壮大实力,对付官府和同行的进犯。

当强盗能够垄断某一地区的抢劫权,并借此和百姓们进行利益和安全的交换的时候,强盗组织就变成了事实上的"政府"。这就是在经济学界广为流传的一种理论:"强盗政府论"。

毫无疑问,"强盗政府论"是头脑风暴的产物,不是真实发生的事情。当年构想出这个理论的学者是奥尔森(Mancur Olson,1932—1998),他的灵感来源是大军阀冯玉祥的故事。[1]然而,尽管这只是个虚构的故事,却说出了经济学对于政治的理解:政治就是交易。

---

1 [美]奥尔森:《权力与繁荣》,苏长和、嵇飞译,上海人民出版社2014年版,第一章。

将政治过程理解为交易过程，将政府看作市场交易的一分子，这就是公共选择理论的核心观点。简单来说，所谓政治就是买卖：个人、企业和其他组织，这些社会成员交钱，也就是缴税，从政府手里购买商品；政府提供的商品就是公共服务，比如国防、治安等安全保障，道路、桥梁等公共设施。就像"强盗政府论"的例子说的那样，商人交了买路钱，就从强盗手里换得了安全保障。

然而，一旦我们将政府视为市场交易者，立刻会出现一个难题：政府不是厂商，它不生产具体的商品。比如，我们说政府应该负责修建和维护公共设施，像是道路和桥梁，但是你见过政府领导带着公务员亲自去修路造桥吗？就算真去了，他们也只能参加一下开工仪式，具体的活还是得派给具体的工程建设公司来干。同样的道理，政府负责国防安全，但武器设备总得归军工企业生产。无论这些企业是国有还是私有，它们都是生产经营性组织，不是政府。

既然政府不是生产者，那么它交易的是什么？想一想，道路、桥梁等基础设施，国防、治安等安全保障，它们究竟为我们提供了什么？归结起来其实就是一样东西：社会秩序。所以政府提供的公共服务，实质上就是社会秩序。

那么，社会秩序如何"生产出来"？通过制度生产出来。更准确地说，政府通过制定、实施和维护社会政策，做出了制度选择,从而维护了社会秩序。所以,修路造桥其实是政府具体政策实施的结果,而国防治安本质上是为了使社会秩序安定的制度得到有效执行。

所以,政府就是做出制度选择的"经济人",但它又不是一个纯粹的"经济人",它能够改变无数经济人的命运。

为什么?因为政府拥有一种个人、企业和其他组织都不具备的能力——它掌握权力。

权力,简单来说就是一种强迫我们行为的力量。强迫我们行为的力量,不正是我们一直在说的"约束条件"吗?在上一章中,我们就说过制度是人类社会最重要的约束条件。那么,谁能够掌控制度选择,谁不就掌控了迫使我们行为的力量,也就是权力吗?

真正的权力,就是垄断制度选择的能力。

因为政府拥有权力,所以在讨论政府行为时,首先要考虑的是如何约束政府的权力。权力是改变制度、改变约束条件的能力,如果允许一个人任意地改变约束条件,他就有可能肆意妄为,甚至还会通过伤害他人的方式为自己牟利。

如何约束权力?有一种常见的观点:约束权力的最好方法是将权力关进制度的笼子里。但是发现没有,这里存在一个悖论:经济分析告诉我们权力来源于垄断制度选择的能力,现在却要求通过制度来约束权力。选择制度来约束自己垄断制度选择的能力,这就好比说要一个人自己把自己给绑起来。掌权者会自我约束吗?也许存在这样的人,但一名"经济人"肯定不会,而政府,是比一般人更为理性的"经济人"。

那么这是不是意味着权力不可能被约束?作为一名理性决策者,政府不会心甘情愿地约束自身权力,但同样也正因为它是一名理性决策者,它就逃不出选择的逻辑。

回想一下前文中强盗的例子。强盗可以随意收取买路钱吗?当然不能。如果实在收得太多,商人又可能选择雇佣保镖跟强盗对着干,再不济也可以选择绕道而行。最终,不需要官府剿匪,强盗就自己把自己给饿死了。

政府也面临同样的难题,它掌握权力,却也无法随心所欲。因为它是通过制定、实施和维护社会政策,才实现制度选择,拥有了权力。如果全体社会成员都不遵守政府制定的政策——其实只需大部分人不遵守即可,那么政府的权威就会大打折扣。所以政府权力的大小取决于其政策的有效性;而要让政策有效,首先要让人们觉得按照这些政策来做事,对自己来说是有利可图的。

这就是政府行为逻辑的关键之处:政府政策的有效性,取决于人们对于自身利益的关切——觉得遵守政策是有利的。但是,并非人人都会觉得社会政策对自己有利,而政策的制定实际上是在各类具有不同利益的团体之间的博弈过程中实现的。

什么意思?有一种理想化的观点认为政府施行的政策应当是

公正的，也就是说，政策应当不偏不倚地对待所有社会成员。但这不是现实。

现实中所有的社会政策都是带有偏向性的，有利于一部分人的同时，也会牺牲其他人的利益。这就是社会政策的"得"与"失"：一些人得利，另一些人受损。

举个最常见的例子：高考制度。有人说我们的高考制度是最公平的。但你有没有想过，对那些偏科的学生来说，高考制度公平吗？俗话说："天才往往是偏科的。"

一旦我们意识到社会政策的偏向性，就找到了约束权力的方式。因为权力源自制度选择的能力，制度选择取决于有效的社会政策，那么谁能够影响社会政策的有效性，谁就能左右权力。

能够影响社会政策有效性的，自然就是政策的获益者和受损者群体。无论是什么样的国家，社会政策的效力都取决于社会群体之间的利益博弈。还是高考的例子，很多人都意识到高考对许多"特殊情况"不友好，于是政府与高校又出台了其他偏向性的规定，比如自主命题、加分项目，还有2020年开始实行的"强基计划"，等等。注意，所有这些政策都有得有失，有利于部分的社会成员，但是会伤害到其他利益相关者。它们不是某个人拍拍脑袋、灵光一闪的结果，而是因这些政策得到好处或遭受损失的社会成员之间博弈的结果。

由此可以看出，能够扭转社会政策，使之偏向某些社会成员的唯一方式，就是出台偏向其他成员的社会政策。这些具有不同偏向性的政策效力相互制约，使得政府的制度选择，实际上取决于这些成员之间的博弈，这就从根本上分散了政府垄断制度选择的能力，从而实现了权力的制约。

那么"这些社会成员"指的究竟是谁？简单来说，这些社会成员指的就是希望政府出台的政策能够有利于自己的成员。比如当年特朗普政府上台，传统能源行业，像石油公司，就很欢迎他，因为特朗普鼓励发展本国石油产业；但是新能源行业，像特斯拉的CEO（行政总裁）马斯克，就对其特别厌恶，因为特朗普政府的政策损害了他的利益。这就是两个不同的社会成员集团，如果它们因为政府政策的偏向性而发生利益冲突，就会采取行动进行政治游说，影响政府决策。

现在你可能会恍然大悟，这不就是新闻里时常出现的"利益集团"嘛！没错。但是"利益集团"这个被大众媒体用烂的词很容易引发误解，让人联想到"金钱政治"。

真正的"金钱政治"，是权力绑架金钱。凡是拥有权力者都有这样的梦想，而这是最糟糕的结果。什么时候权力与金钱合谋，权力就摆脱了一切约束，就可以肆意妄为了。

能够约束权力的，只有权力自身。如果权力的大小取决于制度选择能力的大小，制度选择能力的大小取决于社会政策的有效性，那么此时我们仍然可以通过金钱的力量，也就是社会中每一个"经济人"对自身利益的关切,实现对权力的约束。

再次强调,从经济学的角度来说,政治就是交易,交易就会产生利益的分化,进而形成不同的利益群体。如果允许代表不同社会成员利益的人,像参与商品市场竞争那样,参与政治利益竞争,会发生什么样的结果?

其实高考这个例子已经说得很清楚了,偏向不同高考群体的政策出台,进而体现各类考生的主张和利益,这些政策相互竞争、相互影响的结果,就是提升了社会整体福利:尽可能地改善每一位高考生的生活机会。

最后,总结一下本章的内容:日常生活中,政府是做出制度选择的主体;政治过程就是交易过程;政府因为垄断了制度选择而拥有了权力;政府的制度选择是通过制定、实施和维护社会政策而实现的,所以谁能够影响社会政策,谁就能左右权力;能够影响社会政策的,就是社会政策的获益者和受损者;代表不同利益的社会成员之间的政治博弈,是约束权力的最佳方式。

这就是公共选择,本质上它就是我们个人的理性选择在政治生活中的延伸。由于社会政策的偏向性,我们每个人都自觉或者不自觉地被划分成了不同的利益群体。出于对自身利益的关心,我们直接或间接地影响了社会政策的有效性,从而影响了社会政策的实施。最终,作为社会中的一员,虽然不能直接参与制度选择,但我们还是选择了制度。

经济学小知识进阶
什么是寻租？

实际上本章论述的是公共选择理论的核心观点。关于公共选择理论，还有一个概念经常会出现在各类新闻中，这就是"寻租"（Rent-seeking）。

早在19世纪经济学家就注意到了"寻租"现象，但最早是公共选择理论的另一位奠基者塔洛克（Gordon Tullock，1922—2014），在1967年发表的一篇文章《关税、垄断和盗窃的福利损失》（"The Welfare Costs of Tariffs, Monopolies and Theft"）里提出了这个概念。

简单来说，"寻租"就是腐败，即将有价值的资源从那些资源垄断者手里贿买出来的行为。

任何社会，在从非市场经济体系转向市场经济体系的过程中，都会不可避免地出现"寻租"行为。因为，在一个非市场经济体系的社会中，大量有价值的资源被非市场力量所垄断。当该社会向市场经济转型时，缺乏制度来确定这些资源的具体归属，而垄断资源者也缺乏运用这些资源获利的知识,这时候就会有一些人通过将这些被非市场力量锁住的资源赎买出来,在市场经济下获得巨额利润。

严格来说,"寻租"不创造财富,但是通过"寻租",那些被释放的有价值资源却可以通过市场过程转化为财富,从而增进社会整体福利。这就是一些经济学家所谓"寻租有利论"或者"腐败有利论"的理论基础。

然而要注意的是,"租"本质上是由于专有权利(垄断/专利/专属)而产生的盈余。要让租值发挥最大的社会效益,则在释放资源的同时必须避免租值耗散。因此"寻租"是一把"双刃剑",既能释放资产潜能,也会耗尽资产潜能。只有清晰界定权利才能真正使得盈余释放到社会各阶层,而权利的清晰界定只有通过市场过程才能实现。

延伸阅读

本章论述的主题实际上主要来自公共选择理论，公共选择理论的奠基作，可以参见布坎南和图洛克的《同意的计算：立宪民主的逻辑基础》，上海人民出版社，2014年9月。不过对于普通读者来说，此书可能过于专业。

"强盗政府论"这个观点，可以参见奥尔森的《权力与繁荣》，上海人民出版社，2014年7月。

塔洛克有关寻租理论的论文是英文文献，对此有兴趣的读者也可以参考塔洛克的《公共选择》，商务印书馆，2011年10月。[1]

---

[1] 塔洛克即［美］戈登·塔洛克（Corolot Tullock，1922— ）。与上文《同意的计算：立宪民主的逻辑基础》的作者图洛克为同一人。——编者注

12
什么是市场经济的道德？

我们每天所需的食料和饮料,不是出自屠户、酿酒家或烙面师的恩惠,而是出于他们自利的打算。我们不说唤起他们利他心的话,而说唤起他们利己心的话。我们不说自己有需要,而说对他们有利。社会上,除乞丐外,没有一个人愿意全然靠别人的恩惠过活。[1]

——亚当·斯密

---

[1] [英]亚当·斯密:《国民财富的性质和原因的研究》(上卷),郭大力、王亚南译,商务印书馆1972年版,第14页。

12 什么是市场经济的道德？

回顾一下，围绕着选择问题，我们谈论了如何分析个人和组织（企业）的行为选择以及由二者的互动过程形成的市场机制；谈论了市场经济体系下经济增长的实质；谈论了引发现实经济周期的两个关键变量——资本与货币；谈论了由个体经济行为引发的外部性问题；甚至还通过对于约束条件的分析，解释了我们的社会是如何可能的——制度的形成机制；此外，我们还谈论了政府在制度选择过程中扮演的角色。

在本书的第一章中，我们援引马歇尔的话说，"经济学是一门研究人类一般生活事务的学问"。本书进展到这里，大致已完成了这个任务——以经济学的思维方式思考一般人类生活事务。那么有关经济学我们还能说些什么呢？

有关人类生活事务，我们还有一个重要维度没有提及。因此，在本书的最后这两章，我们将涉足一个对于经济学来说必须小心谨慎的领域，这就是道德领域。我们来思考一下有关道德的问题。

可能在很多人的印象中，经济与道德，即便不是相互对立，也属于相互间不存在交集的两个领域。甚至有些人会质疑：经济学不是不讲道德的吗？

确实，许多年前，是有位经济学家下过这么一个论断——经济学不谈论道德。不过这句话没说完，他想表达的意思是，经济学看待道德问题的方式和传统的哲学、法学、政治学等学科不太一样。不过诸多"重义轻利"的人士已经等不及再去听后面的解释了，毕竟他们批判市场经济不讲道德已经批判了那么多年，好不容易抓住个"现行犯"，这样的机会千载难逢。于是各种道德批判铺天盖地而来，还落下了后遗症——在普通人的印象里，经济学即便不能说不讲道德，也应该和道德没有多大关系。

更糟糕的是，经济学家群体自身也默认了这一点。除了不痛不痒地讲些不着调的经济伦理学，很少有经济学家会愿意认真地去谈论道德问题。即便有些经济学家愿意谈，他们也不会有什么好下场。

我所熟知的一位经济学家（请允许我隐去他的姓名），三十年前他也算是经济学圈子里最顶级的学者之一。按照他当年的成就，诺贝尔经济学奖基本上就是他的囊中之物。然而，就在声名赫赫、功成名就之时，他觉得经济学那些问题都玩得差不多了（他是数学专业出身，对他来说经济学模型确实像玩具一样），于是想找些有意思,同时又能挑战智力的问题,然后他就迷上了政治哲学和道德哲学,并且一头扎进去十多年。如今他已八十多岁高龄,仍然以一年一本书的速度在发表自己的研究。可是,他出版的不是经济学著作,而是哲学史著作,特别是道德哲学史的著作。因为如今的经济学界几乎已经将他遗忘了,诺贝尔经济学奖自然也早已与他无缘。有一回他抱怨说,为什么哲学家、政治学家和社会学家都关注道德问题,愿意和他展开争论,经济学家反而漠不关心呢?

许多经济学家不仅不关心道德问题,而且还极力撇清经济与道德之间的关系。所以我们的经济学教育就是教大家效用最大化、利润最大化。它要么和"人不为己天诛地灭"很般配,要么就对道德支支吾吾。这样一来,不仅是普通人,连经济学的学习者都很容易把传统观念对商业的鄙视,比如"无奸不商""囤积居奇""斤斤计较""巧言令色"这类的字眼,都看作是对经济学的评价。而恰好,这些传统观念又和我们现代人对无所不在的资本力量的担忧不谋而合。

就这样,经济学似乎成了道德败坏者的挡箭牌。

经济学对于道德问题敬而远之,绝对不是什么正常现象。因为这门学科自诞生之日起,就属于道德哲学的分支。

作为经济学的祖师爷,亚当·斯密可不是什么经济学教授,因为那个时候根本就没有经济学,自然不会有"经济学教授"这样的头衔。斯密当年在格拉斯哥大学是道德哲学教授，而作为经济学奠基之作的《国富论》，实际上只是斯密庞杂的道德哲学理论体系的一部分内容而已。

所以追根溯源，经济学不应该回避道德问题。但这不是最要紧的，最要紧的是，审视我们当下的生活境遇，经济学更应该直面道德问题。

经济学不是成功学，经济学不能告诉你怎么做才能赚到更多的钱，但是经济学可以告诉你，作为一个普通人，我们是如何做出选择的。进而，经济学可以告诉你，作为一名"经济人"，当我们满足自身利益的同时，我们也在用自己的能力让这个社会变得更好。

对于芸芸众生来说，认真地对待财富，认真地追求财富，就是社会道德进步的源泉。这是19世纪的一位经济学家西尼尔（Nassau William Senior, 1790—1864）做出的一个论断。[1]

在这一章，我们就来证明：财富和道德是如何紧密联系在一起的。

问题的关键就在于那只"看不见的手"。

亚当·斯密的经济学，常常被人们称作"'看不见的手'理论"。那什么是"看不见的手"？如果你看过一些经济学入门

---

[1] 这句话来自西尼尔就任戴拉蒙德讲席教授时的发言，转引自Schumacher, E.F., *Small Is Beautiful*, London: Penguin, 1973, p. 34。

读物，或者上过类似的课程，可能会听到一种说法："看不见的手"指的就是市场之手；只要每个人努力做好自己的工作，再通过交易互通有无，市场这只"看不见的手"就能让每个人多种多样的需求都得到满足，从而皆大欢喜。在这里，"看不见的手"是对分工和市场机制的一种比喻，和道德无关。这种解释听起来有点道理，但这只是表面解释，与真相还有一定的距离。

首先要清楚一点，尽管许多学者将亚当·斯密的经济学概括成"'看不见的手'理论"，但实际上在留存于世的斯密作品中，"看不见的手"这个表述，斯密只使用过三回。其中一次，他指的是神的力量，和本章内容关系不大，就此忽略。另外两次，就和他的道德哲学理论有关了。

"看不见的手"的第一次出现是在斯密的第一本著作，同时也是最后一本著作（因为直到去世前几个月，斯密都在修订这本书）——《道德情感论》（*The Theory of Moral Sentiments*，1759）中。补充一句，这本书的书名在国内译作《道德情操论》，这是错误的翻译，参见本章的经济学小知识进阶。

在《道德情感论》的第四卷第一章，斯密讲述效用对于道德情感的影响。他认为，"效用是美的主要来源之一"[1]。为了证明这一点，他谈到财富的作用，然后就有了"看不见的手"的第一次

---

[1] ［英］亚当·斯密：《道德情操论》，蒋自强、钦北愚、朱钟棣、沈凯璋译，商务印书馆1997年版，第223页。

登场：

> 在任何时候，土地产品供养的人数都接近于它所能供养的居民人数。富人只是从这大量的产品中选用了最贵重和最中意的东西。他们的消费量比穷人少；尽管他们的天性是自私的和贪婪的，虽然他们只图自己方便，虽然他们雇用千百人来为自己劳动的唯一目的是满足自己无聊而又贪得无厌的欲望，但是他们还是同穷人一样分享他们所做一切改良的成果。一只看不见的手引导他们对生活必需品做出几乎同土地在平均分配给全体居民的情况下所能做出的一样的分配，从而不知不觉地增进了社会利益……[1]

"看不见的手"第二次登场，则是在斯密名气最大的那本书——《国民财富的性质和原因的研究》中。在该书的第四篇第二章，斯密讲述了国家限制进口的危害，谈到了个人利益和社会利益的关系，然后他说：

> ……（每个个人）通常既不打算促进公共的利益，

---

[1] [英]亚当·斯密：《道德情操论》，蒋自强、钦北愚、朱钟棣、沈凯璋译，商务印书馆1997年版，第229—230页。

12 什么是市场经济的道德？

也不知道他自己是在什么程度上促进那种利益……他所盘算的也只是他自己的利益。在这场合，像在其他许多场合一样，他受着一只看不见的手的指导，去尽力达到一个并非他本意想要达到的目的。也并不因为事非出于本意，就对社会有害。他追求自己的利益，往往使他能比在真正出于本意的情况下更有效地促进社会的利益。我从来没有听说过，那些假装为公众幸福而经营贸易的人做了多少好事。[1]

那么这两处"看不见的手"到底是什么意思呢？

由于它们出现在不同的文本中，而且上下文讨论的内容也不同，所以自19世纪以来，有一些德国学者提出："看不见的手"在《道德情感论》里指"利他之心"，在《国富论》中则指"利己之心"；利他和利己是相互矛盾的，所以这两处"看不见的手"是相互矛盾的。这就是所谓的"斯密难题"[2]。

事实上，"斯密难题"是一个伪命题。

如果你还记得之前我反复提到的"效用"的定义，就会明

---

[1] ［英］亚当·斯密：《国民财富的性质和原因的研究》（下卷），郭大力、王亚南译，商务印书馆1974年版，第27页。
[2] Fitzgibbons, Athol, *Adam Smith's System of Liberty, Wealth, and Virtue*, New York: Clarendon, 1995, pp. 3–4.

白，认为利他之心和利己之心会相互冲突，这是没有意义的。因为欲望是一种主观上的满足，什么东西能令你感到满足，取决于你自己的看法。如果帮助他人给你带来了快乐，那么这时候利他实际上就是利己。甚至我们可以这样说：不懂得个人利益是什么的人，又怎能知道对他人有利的东西是什么呢？又如何利他呢？

所以，"看不见的手"既不是指利己之心，也不是指利他之心，这根本就不是斯密关心的重点。斯密关心的，是利己之心本身可能导致的冲突。

有一种流行的观点认为，斯密的经济学宣扬的是一种"经济和谐论"：个人利益与社会利益之间不存在冲突，个人获利的同时，也就使得社会总体利益得到了增进。确实，与斯密同时代的许多人都持有这样的观点。斯密的好友，著名哲学家休谟就是这么认为的；斯密的老师，哈奇森博士（Francis Hutcheson，1694—1746）也是这么认为的。但是斯密不一样，他更谨慎小心，对于工业革命带来的经济进步持有一种怀疑态度，不相信仅仅出于自私，人与人之间的利益会和谐一致。

人活于世，食色性也。欲望是一种本能，自私是我们的本性。这本无可厚非，但问题是，私欲会无限膨胀，如果不加以控制，就会如洪水猛兽般吞噬一切，最终毁灭人类。所以斯密不相信贪婪是我们这个社会进步的动力。就像他说的："对于人性中的那些自私而又原始的激情来说，我们自己的毫厘之得失会显得比另一个和我们没有特殊关系的人的最高利益重要得多，会激起某种更为激昂的高兴或悲伤，引出某种更为强烈的渴望和嫌恶。只要从这一立场出发，他的那些利益就决不会被看得同我们自己的一样重要，决不会限制我们去做任何有助于促进我们的利益而给他带来损害的事情。"[1]

现实中，利益冲突的现象比比皆是。除非我们能够找到一种合理的方式，在关心自己利益的同时，也能重视他人的利益，从而遏制"自爱的欲望之火"，否则个人追求自身利益，是不可能促进社会利益的。这就是斯密伦理学的主题：利己之心，必须被限制，否则后患无穷。同时，这也是理解"看不见的手"的关键。

那么，如何控制"自爱的欲望之火"呢？

第一种方案是通过宗教获得解脱。人人走上成佛之路，跳出六道轮回，无欲无求。可惜，这个方案尽管很美好、很高尚，却不太可能有人做得到。不，严格来说，是没有人能做到的，只要是人，就有欲望，就永远在追求欲望的苦海中挣扎。

第二种方案是借助政治强权。比如小A现在很有钱，他想要更有钱，于是花钱养一批打手，替他去抢钱；他再用抢来的钱养更多的打手，再抢更多的钱……最终，打手变成了国家暴力机器，小A变成了独裁君主。这个方案要比第一种方案更可行，古今中

---

[1] ［英］亚当·斯密：《道德情操论》，蒋自强、钦北愚、朱钟棣、沈凯璋译，商务印书馆1997年版，第164页。

外，这样一种通过强权汲取财富，满足少数人无穷无尽欲望的方式一直都存在，但它有一个致命缺陷：实施暴力是有成本的，而且这个成本会随着时间的推移越来越高，直到维持暴力的成本超过了它所能抢夺到的财富，进而导致整个国家机器崩溃。

这两种方案，一个是要彻底消灭欲望，另一个则是压制他人的欲望，以牺牲多数人的利益为代价来满足少数人的私欲。请注意，它们不是空想，而是我们人类社会曾经经历过，现在仍在经历的事实。显然，它们都不是好方案。

第三种方案，就是"看不见的手"。仍然是小A，假设他很有钱，而且想要更多的钱。但是这回他明白，解脱是一种幻想，强权不会长久。他要找一种更好，或者说更经济的办法。所谓更经济的办法就是，不需要小A耗费很高的成本，别人就会自愿地给他提供他所需要的东西。那"别人"为什么愿意这样做呢？如果所谓的"别人"是和小A一样的"经济人"，也关心自己的利益，那么他们愿意满足小A欲望的唯一理由就是这么做对他们自己有好处。如果小A明白了这一点，就会懂得，要让别人满足自己的欲望，自己也要满足别人的欲望。

没错，仍然是"交易原则"。通过交易，讨价还价，各取所需，我们在追求自身利益的同时，也不得不关心别人的利益。而一旦开始关心别人的利益，一旦意识到自己生活的改进依赖于交易，那么我们就会明白：倘若无视别人的利益，最终伤害的是自己。就这样，本是出于自利的需要，现在反而成为遏制"自爱的欲望之火"最有效的手段。

这就是"看不见的手"。

看到这里，有些读者或许仍然感到很疑惑：这里的"看不见的手"和前文提到的"市场机制"有什么区别，指的难道不都是市场经济？

请注意这其中的微妙之处。市场经济是让"看不见的手"能够真正发挥作用的舞台，而"看不见的手"是一种人性所固有的力量——为了满足欲望而抑制欲望。当我们能够考虑到他人的感受、他人的利益的时候，人的内心中才会出现两股看似左右互搏、自相矛盾的力量，既要利己，又要利他。而市场主导的生活方式利用并放大了这股心理力量，最终带来的就是社会福利的增进。正是由于交易原则成为我们欲望满足的主要的甚至是唯一的手段，我们才有可能为了自身利益，去关心别人的利益，并以这样的方式，不知不觉地遏制了"自爱的欲望之火"。

所以，在"看不见的手"的指引之下，我们做出的选择，不仅是理性的，而且是对的。因为第一，这样的选择符合人性——我们每个人都关心自己的利益；第二，这样的选择符合道德——我们还关心他人的利益；第三，这样的选择也将符合社会福祉，即能够促进社会的利益。

最后，还是让我们总结一下本章的内容。本章的主题其实非常单纯：人们都觉得经济学是不道德的，但其实经济学才是最讲道德的。首先，经济学本身就脱胎于道德哲学；其次，经济学一直都很重视"看不见的手"的力量，而"看不见的手"指的就是对人类无尽欲望的抑制；最后，不是宗教、不是政治，而是市场交易，让人性固有的"看不见的手"的力量得以全面发挥。

所以，经济学是讲道德的，它只是从来不刻意在你耳朵边上进行道德说教。它要求的，只是让我们直面人性的弱点。请诸位想一想，世上有多少的罪恶都是打着行善的名义而实施的？可真正的善，同时也是最平凡的善，就是简简单单地唤起人们的利己之心，不仅是自身的利己之心，同时还有他人的利己之心。就像斯密说的："我们不说唤起他们利他心的话，而说唤起他们利己心的话。我们不说自己有需要，而说对他们有利。"

经济学小知识进阶
什么是道德情感论？

从道德哲学的角度来讲，本章内容涉及的是道德哲学中的一个分支：道德情感论。

道德情感论是18世纪苏格兰启蒙运动中的核心理论体系之一。其中最著名的论断就是来自大哲人休谟的那句话："道德的区别并非经由理性推导得出。"[1]

在休谟看来，理性的作用在于发现真伪："但要证明恶与德不是事实问题——我们可以凭借理性推断出其存在，又有什么困难呢？有一种被公认为是罪恶的行为，故意杀人，以此为例。你可以用尽一切方式来剖析它，看一看是否能发现你称之为恶的事实问题，或者其真实的存在。无论你采用什么样的方式，你只能发现激情、动机、意志和想法。在这个例子里没有其他的事实问题。只要你考量的是客观对象，恶就完全处于你的视线之外。

---

[1] Hume, David, *A Treatise of Human Nature*, vol. 1, Oxford: Oxford University Press, 2007, p. 293.

直到你扪心自问,寻得一种发自内心的、不赞同这一行为的情感之前,你永远也不可能发现它。这是一个事实,不过它是感觉的对象,而非理性的对象。它潜藏在你自身之中,而不是在对象之中。所以当你认定任何的行为或品格是恶的时候,你没有别的意思,只是说你在审视这一行为或品格,凭借着你天性的构造,有了一种责备的感受或情感。"[1]

简言之,这一道德论的支持者认为,人类的道德与情感有关。

不过,对于"我们的道德感究竟源自何处"这个问题,道德情感论者存在分歧。休谟认为,是人的自利之心促使人们确立起道德规范,因此我们的道德感实际上还是源自对效用的追求,"公共的效用是正义的惟一起源,对这一德性的有益后果的反思是其价值的惟一基础"[2]。而安东尼·阿什利-库珀(Anthony Ashley-Cooper),即沙夫茨伯里伯爵三世(Anthony Ashley-Cooper, 3rd Earl of Shaftesbury,1671—1713)认为人类自身存在一种自然的道德感。斯密的老师哈奇森则认为这种自然的道德感属于我们人性的一部分,即人类具有一种"道德官能"(moral faculty),正是这种先天的道德官能注定"人性本善"。

总的来说,上述三人的理论虽然具体指向不同,但皆具有一

---

[1] Hume, David, *A Treatise of Human Nature*, vol. 1, Oxford: Oxford University Press, 2007, p. 301.
[2] 大卫·休谟:《道德原则研究》,曾晓平译,商务印书馆2001年版,第35页。

12 什么是市场经济的道德？

种"道德牛顿主义"倾向，认为人类社会和自然界一样，也存在一种自然秩序，即"道德秩序"。而斯密的理论与他们不同，对于这种道德秩序的运行，斯密始终存在一种担忧。他并不认为人性足够完美，存在一种自然的道德感或者仁慈之心，抑或是仅仅出于对效用的追求，就足以维持道德秩序。相反，他相信对于个人而言，其自利的本性时刻都会破坏这种道德秩序，进而毁灭社会。这才有了斯密有关"公正的旁观者"（impartial spectator）的道德论。

延伸阅读

本章内容涉及了道德情感论的几种观点。其中斯密的道德论参见斯密的《道德情操论》，商务印书馆，1997年12月。

休谟的道德论参见休谟的《人性论》（第三卷），商务印书馆，1980年4月。不过由于这个中译本译文存在一些问题，所以本章中有关休谟的引文作者都根据牛津版《人性论》重新译出。

沙夫茨伯里伯爵三世的道德论参见沙夫茨伯里的《人、风俗、意见与时代之特征》，武汉大学出版社，2010年3月。

哈奇森的道德论参见哈奇森的《论美与德性观念的根源》，浙江大学出版社，2009年9月。

13
什么是功利主义?

大多数善的行为都不是为了世界利益,而是为了世界福利由之而构成的个人利益;在这些场合,最有道德的人也只需考虑有关的个人,只有一事除外,即必须确保自己不会为了有关个人的利益损害其他任何人的权利或合法期望。[1]

——约翰·斯图亚特·穆勒

---

[1] [英]约翰·斯图亚特·穆勒:《功利主义》,徐大建译,上海人民出版社2008年版,第18—19页。

13 什么是功利主义？

在本书的最终章，我们将继续探索经济学的道德观。在上一章中我们已经证明经济选择是讲道德的，可是怎么讲道德？答案是四个字：功利主义。

"功利主义"是个被中文翻译给耽误了的词。它的英文是 Utilitarianism，直接翻译过来，就是"效用主义"。"功利主义"则是来自日本的翻译。可是在中文语境中，"功利"往往和"道义"相对立，所以许多人一听到"功利主义"这个词，首先就会想到"自私自利"："好嘛，经济学家竟然把自私当作道德！"很多年前，北京大学有位老教授发明了一个流行语，叫"精致的利己主义者"，结果以讹传讹，很多人把它念成了"精致的功利主义者"，反正意思好像差不多。不！如果你真的了解功利主义，就会明白，"精致的利己主义者"其实是"失败的功利主义者"。

既然"功利主义"这个名字不好，那读者们是不是会觉得，改个名字不就行了？还真有学者是这么想的。比如法学界，目前就常常把这个词称为"效益主义"。然而事情没那么简单，在时下的学术界，功利主义是众多道德哲学家批判的靶子。

为什么？因为功利主义实在是太流行了，树大招风，枪打出头鸟。

事实上可以这样说，作为一个现代人，无论有没有听说过功利主义，无论赞同还是不赞同功利主义，你我在某种程度上都是一个功利主义者。

是不是有点难以置信？为了这件事，一位芝加哥大学哲学教授曾经发起投票，请参与者选出"近二百年来最好的或者最重要的伦理学著作"。结果，排名前五位的书，其中两本半都是功利主义的代表作。

排名第一的是穆勒的《功利主义》（*Utilitarianism*，1863）。前文已经提到，穆勒是古典经济学三位代表人物之一，同时他也是有史以来涉猎最为广泛、理论体系最为庞大精致的经济学巨匠。学界对他的评价是："没有人会怀疑，穆勒提高了他那个时代的精神高度，这是他的同代人中没有其他人可以做到的。"[1]在道德哲学领域，穆勒是最重要的功利主义哲学家之一。

---

[1] 这句话出自穆勒自传的编者前言，参见穆勒：《约翰·穆勒自传》，郑晓岚、陈宝国译，华夏出版社2007年版，编者前言第10页。（穆勒即约翰·穆勒，或写作约翰·斯图亚特·穆勒。——编者注。）

我们在第九章提到过的西季威克,也是一位著名的功利主义哲学家,他的《伦理学方法》(*The Methods of Ethics*,1874)排名第三。

至于最后"半本",则是排名第五的G. E. 摩尔(George Edward Moore,1873—1958)的《伦理学原理》(*Principia Ethica*,1903)。为什么是"半本"?因为摩尔的伦理学,按照他自己的定位,属于道德直觉主义,而不是功利主义。但是这本书受功利主义影响很大,所以算作半本。

排名前五中剩余的两本,一本是罗尔斯(John Rawls,1921—2002)的《正义论》(*A Theory of Justice*,1971),排名第二;另一本是尼采(Friedrich Nietzsche,1844—1900)的《论道德的谱系》(*On the Genealogy of Morality*,1887),排名第四。

可见,功利主义是现代世界最为流行的一种道德观。

也许有些读者还是不相信,会说:这些书位居前列只能说明功利主义对书呆子影响大,并不能说明真实世界里功利主义也很流行。

那么让我们来思考以下三个例子。

例子一:你是一名高校招生工作负责人。一直以来,学校都是根据公开的考核制度,按照综合评定成绩录取学生。现在有人批评说,任何考核标准都无法全面评价个人的能力。而且你也的确发现,在现有的考核规则下,有些学生,比方说城市学生,更容易被录取，农村学生则要更难。那么，为了照顾农村学生，你是否可以调整录取程序，降低城市学生的录取比例，同时提高农村学生的录取比例？就像哈佛大学和耶鲁大学，为了提高西班牙裔和非裔学生录取比例，在招生程序中数十年如一日地歧视亚裔学生。

例子二：你是一名公立三甲医院领导。你所在的医院非常有名，以至于全国的病人蜂拥而至，导致医院不堪重负。这时候，有医生提议，设置特需医疗服务，收费是普通医疗服务的几十倍乃至数百倍，愿意花钱的病人可以购买。这样就能分流一部分病人，同时还能提高医务人员福利，增加医院设施，缓解医院负担。但有医生反对，认为生命是不能用金钱衡量的，假如谁出钱多谁就能享受更好的医疗服务，就等于剥夺了穷人的生命权、健康权，这种做法是不道德的。那么，你会怎么做？

例子三：你是一名政府决策人员。现在你手头有两个政策选项。政策A，为全社会所有在职人员提供现金补贴，代价是削减退休人员的养老金；政策B，提高在职人员个人所得税，所得税收用来增加退休人员的养老金。目前，在职人员占全社会人口比例为60%，退休人员占比为20%。你是选择政策A，还是政策B？

读完这三个例子后，请读者先迅速地想一想，直觉上你会怎么做。然后，看完接下来我对功利主义所做的解释，给出功利主义者的答案后，再对比二者，看看自己的选择有多少和功利主义者一致。

现在回到功利主义这个主题。功利主义到底指什么？也许有些读者听说过"最大多数人的最大幸福"的表述，这句话常常被当作功利主义标志性的口号。不过，虽然这话听着很响亮，但是请读者们在心中再默念一遍"最大多数人的最大幸福"，然后想想，你觉得你能理解它的意思吗？什么是"最大多数人"？什么是"最大幸福"？

事实上，这句口号极易引发误解，因为这两个"最大"放在一起，不要说用日常语言解释，就算是用数学语言来推导，也很麻烦。

其实要了解功利主义是什么，只需看它的英文和直译：Utilitarianism（效用主义）。顾名思义，这种道德观一定和效用有关。

所以简单来说，功利主义就是以效用的增加和减少来判断行为的对错。好的效用，称为快乐或者幸福；坏的效用，称为痛苦或者不幸。因此，所谓"对"的行为，就是因为它带来了快乐或者幸福；"错"的行为，就是因为它带来了痛苦或者不幸。进一步，如果一个行为、一项政策，增进了个人或者社会的效用，那么它就是应该去做的；反之，如果减损了个人或者社会的效用，那么它就是不应该去做的。

用功利主义哲学的奠基者杰里米·边沁（Jeremy Bentham，

1748—1832）的话来说："如果一个人对任何行动或措施的赞许或非难，是由他认为它增大或减小共同体幸福的倾向来决定并与之相称的，或者换句话说，由它是否符合功利的法规或命令来决定并与之相称的，这个人就可以说是功利原理的信徒。"[1]

好像很简单，是不是？这是因为功利主义抓住了最基本的人性：我们每个人都是趋利避害的。连佛家都说，离苦得乐，是我们这些凡夫俗子活在世上的终极目的。既然是终极目的，那么追求快乐而远离痛苦，不就是人类应该做出的行为选择吗？不就是正确的，因而也是道德的选择吗？

或许有读者会质疑我：你似乎在以上推论中偷换了概念，从行为的目的，一下子跳跃到了道德。没错，我的确从讨论行为目的，一下子变成了讨论道德。但是我没有偷换概念，因为这就是功利主义的第一个核心观点：英雄不问出处，道德不问动机。功利主义者不关心你的动机，不管你的行为是为了世界和平还是一己私利。功利主义者只看结果，好行为就是带来好结果的行为，坏行为就是带来坏结果的行为。

就像穆勒在《功利主义》中所指出的："……人生的终极目的，就是尽可能多地免除痛苦，并且在数量和质量两个方面尽可能多地享有快乐，而其他一切值得欲求的事物（无论我们是从我

---

[1] ［英］边沁：《道德与立法原理导论》，时殷弘译，商务印书馆2000年版，第59页。

们自己的善出发还是从他人的善出发），则都与这个终极目的有关，并且是为了这个终极目的的……在功利主义者看来，这个终极目的既然是全部人类行为的目的，就必然也是道德的标准，因此道德标准可以定义为这样一些人类行为的规则和戒律：只要遵守这些行为规则，那么所有的人都有最大的可能过上以上所描述的那种生活，不仅仅是人类，而且在事物的本性认可的范围内，有感觉的生物也都有最大的可能过上上述生活。"[1]

所以功利主义是以行为为中心的伦理学。然而这就引出了另一种质疑：怎么判断什么是好，什么是坏呢？

就像我之前反复说的，效用是不确定的，你觉得是好的，别人可能觉得是坏的。因此，这些质疑者可以举出如下的极端例子：瘾君子把吸毒当作快乐，那么能不能说因为有人感到吸毒很快乐，所以吸毒就是道德的？或者苦行僧把痛苦当作幸福，认为苦行是为了未来得到幸福，所以是不是可以说人人都应该享受苦难，"996"是福报？

这其实是对功利主义最严重的误解。功利主义强调的效用判断，不是你觉得幸福不幸福，当然也不是我觉得，而是所有相关的人觉得幸福不幸福。为什么是"所有相关人员"？因为既然功利主义关心的是行为的后果，而我们作为社会中的一员，几乎所

---

[1] ［英］约翰·斯图亚特·穆勒：《功利主义》，徐大建译，上海人民出版社2008年版，第12页。

有行为都会对他人产生影响,所以就要把所有受到影响的人都考虑进去。

然而,在实际的判断过程中,要怎么知道某人的想法,又怎么确切地判断有多少人会因为某人的行为受到影响?为此功利主义者提出一项原则:推己及人。因为自利是每个人的本性,人性总是相通的。那么在考虑我的行为会对他人造成什么样的影响时,我就要想:如果换作别人也像我一样这么做,会发生什么?举个例子,我们都说偷窃是不好的,不道德的,可为什么呢?让我们暂时不考虑被警察抓到的情形。不劳而获,偷来的财富给我带来了快乐,这不是很好嘛!没错,如果只是你一个人偷窃,也许情况就是这样。可是如果所有人都和你一样,都偷东西,这时情况会怎么样?整个社会都将崩溃!所以,从"所有相关人员的幸福"来看,偷窃是不好的;吸毒是不好的;一个人自愿吃苦是他自己的事情,无所谓好坏,但是要求所有人都跟他一样承受痛苦,无论基于什么理由,都是不道德的,因此"996"不是福报。

如果理解了这一点,你就会发现,功利主义压根儿就不是什么利己主义。相反,功利主义伦理学的全部精神,就是四个字:爱人如己。

"你们愿意人怎样待你们,你们也要怎样待人",这是功利主义的第二个核心观点。

读到这里,可能有些读者还是会有点不甘心,觉得功利主义拿效用作为道德评价标准的做法是有问题的。就像有些人批评说，效用意味着利益、算计和一连串的数字符号，然而有些善的品质是不可用利益来衡量的，是无法计算的，也不能简化为数字。如果我们像会计算账一样算出道德，这样做真的好吗？

这样不好。可这也不是功利主义要表达的意思。功利主义使用效用作为评价标准，不是因为它符合理性，而是因为它符合情感。效用是一种感受，而且是符合人性的感受。最重要的是，效用是一种平等的评价标准。

功利主义主张的是一种平等理念，这是功利主义的第三个核心观点。

功利主义认为，人人都是平等的，在关乎道德的问题上尤其如此。没有人可以借助某些特殊性而占据道德制高点。比如，不能因为某人属于弱势群体，而认为他做的事一定是对的，或者认为有利于他的社会政策一定是好的。同样，族群、信仰、心智等因素也不能构成判断某人某事是否符合道德的理由。

为此，功利主义抛弃了以往社会所有的道德评价标准，仅以"痛苦和快乐"作为衡量个人和政府行为的基石，因为这是每个人与生俱来的本能，不论他的出身，不论他的社会地位，也不论他的财产多寡。所以，以效用为评价标准，实质上等于将所有人视为平等的。

关注结果、推己及人、人人平等，这就是功利主义最核心的内容。当然，关于功利主义还有东西可说，但是这三个观点足以帮助我们用功利主义的方式来理解日常行为。

现在，让我们回头再想想前面说的三个例子。

例子一：功利主义者不会支持歧视性招生程序。贫者越贫，富者越富，这种现象被称为"马太效应"，而且它的确存在，教育领域也不能幸免。面对既定规则，确实有一些人处于优势地位。这时，应当反思和调整的是教育制度自身。更何况，学校生源的分布不均，不一定是由于学校的招生规则，更可能是由于更为复杂的社会因素。无论如何，采取不公平的程序进行所谓的调整，损害的不仅是那些遭受歧视的学生的福利，而且是社会整体的福利。那些因为"优惠政策"而得以入学的学生，难道真的就会因此受益？这样的做法无异于饮鸩止渴，自以为出于善良的动机，却做出更不道德的行为。

例子二：功利主义者会支持医疗分级制度。但是请注意，功利主义者从来没有给生命贴上价格标签，而是给拯救生命的工具和手段贴上价格标签，因为无论你愿意不愿意，这些工具和手段都是稀缺的。如果不存在稀缺性，我们当然可以不惜任何代价拯救一切生命，可是稀缺性永远都存在，所以即便生命是无价的，我们还是被迫要做出选择。那些以"生命无价"为借口的道德高尚者，几乎都支持对富人征收高额税收，然后补贴穷人。那么为富人提供价格高昂的特需医疗服务，用来补贴公众医疗，怎么就变成了所谓的"用金钱买卖生命"呢？凭什么说这是不道德的呢？

例子三：这个问题没有确定的答案。为什么？因为功利主义的判断标准是效用，效用不等于人数的多寡。所以我们不能说在职人员的人数比退休人员多，那么偏向他们的社会政策一定能带来更多的福利，一定是好的。不同群体的福利多寡会随着时间、技术和客观环境而发生变化。人类社会发展的基本原则是生存繁衍，当基本生存都勉强维持时，老弱病残的福利评价肯定比青少年要低，就像早期人类社会面对大灾难时，首先被牺牲掉的就是老弱病残。但是当社会繁荣发展，大部分人的生存能够得到保障时，那些曾经被忽视的群体的福利反而会越来越重要，尊老爱幼、助残扶弱也就成了美德。所以社会政策是偏向在职人员还是退休人员，取决于社会发展程度，没有定论。

看到这里，不知道诸位读者是不是对功利主义有了全新的认识？那么最后还剩一个问题：功利主义有没有缺陷？当然有，不过这涉及道德形而上学，最好还是留给哲学家们去讲吧。必须承认，我自己就不是一名功利主义者。但我还是会在任何场合为功利主义做辩护。理由很简单：作为一种道德评判标准，功利主义是有效的；所以功利主义即便不代表人类道德的全部含义，也至少是我们道德的必要条件。

现实生活中，真正的善意味着一种责任，责任意味着你要承担自己的行为所造成的影响。拒绝那种毫无原则的博爱主义者，拒绝那些将责任归于社会、将善行归于自己的伪善者，捍卫自身的幸福，同时不侵害他人的幸福，这就是功利主义的道德。

最后，总结本章的内容：功利主义是一种通过效用来评价行为对错的道德观；功利主义关注的是行为的结果；功利主义不是利己主义，它要求的是"爱人如己""平等待人"。

经济学小知识进阶
经济学如何回答"电车难题"?

对于国内读者来说,在对功利主义的诸多批判中,最著名的一种论调大概就是"电车难题"(Trolley problem)了。在此简短做一下回应。

"电车难题",又名"失控的电车",最初是由英国哲学家菲利帕·福特(Philippa Foot,1920—2010)于1967年提出的一个思想实验。[1]其原型与一件真实罪案有关。后来有许多哲学家、伦理学家提出各类电车难题的不同版本。其中最为流行的是经由公开课推广的两个版本。

版本一:假设你是一名有轨电车司机,以时速60英里驾驶电车行驶而来,突然发现前方有5名工人手持工具站在铁轨上,而刹车又碰巧失灵。此时如果放任电车直驶而去,5名工人肯定被撞死。但此时有另一选项,旁边有一岔道,还来得及拐过去,但

---

[1] Foot, Philippa, "The Problem of Abortion and the Doctrine of the Double Effect", *Oxford Review 5*, 1967, pp. 5–15.

岔道上也有1名工人。如果拐弯，会撞死1名工人、挽救5名工人的生命。问：如何选择？

版本二：假设你不是司机，而是旁观者，站在桥上俯视轨道。你看到电车即将撞向5名工人，但是你身边有个胖子，把他推下去刚好能挡住电车。（你自己长得太瘦小，无法挡住电车。）问：如何选择？

对于第一个版本的电车难题，绝大多数人的选择是牺牲1人而挽救5人；而第二个版本则不然，许多人会选择牺牲5人。选择牺牲1人挽救5人，看起来像是典型的功利主义者的作为——5人的效用大于1人的效用。但是在第二个版本中，为何我们会认为胖子不该被牺牲呢？当我们认为胖子不该被牺牲的时候，是否也意味着功利主义的选择其实是错误的呢？

以上就是"电车难题"及其道德困境。

如果用经济学的思维方式以及功利主义伦理学来看待这种困境，那么我的回答是：第一，如果是功利主义者，面对第二个版本的电车难题，他的选择也只能是牺牲5人，而不是胖子；第二，无论是版本一还是版本二，无论是牺牲1人还是牺牲5人，功利主义者只能做出对社会危害最小的选择，但不意味着这是"道德的"选择——电车难题根本是道德无解的难题。

以下是具体解释。功利主义伦理学要求考量"所有相关人员"的效用，且功利主义的善是一种与责任相关的善。在第一个版本中，电车司机具有这样一种责任，即必须在"所有相关人员"中做出选择，那么他只能选较少的牺牲。而在第二个版本中，旁观者不具备这样的责任，更没有任何权利要求不属于"所有相关人员"的他人去牺牲，如果他自己跳下去挡住电车，这是见义勇为，但是将毫不相干的路人推下去，这是蓄意谋杀。

有一种尝试规避道德困境的解决方案，主张让电车司机用"掷色子"的方式来决定5人和1人的生死，或者让司机放开方向盘，让电车自行行驶。这实际上是最恶劣的行径。当你作为电车司机应该担负起责任采取行动时，却借由什么"人命是不能比较的"这类道德说辞来逃避责任，这是道德上最糟糕的做法。

道德意味着责任，有时候，勇于承担责任，比任何道德说辞都更重要。

但同时我们也必须注意，人命确实是不可比较的。大人物的生命不应该比普通人重要，5条人命也不应该比1条人命重要。不管是5人还是1人，在你的选择下死了人，就永远是一种罪责。所以对于功利主义者来说，无论你怎么选择，都只是尽力选择最小的牺牲，但是为了拯救多数人而牺牲少数人，永远都是一种罪，即便法律不惩处，也是在道德上可谴责的罪。所以电车难题在道德上是无解的。

那么有些读者可能会想：如果无论怎么做都是错的话，电车难题有什么意义呢？

很简单。无论是在人类社会还是在动物世界,为了拯救多数生命而牺牲少数生命,这样的事情反复不断地上演。可是我们不会对动物世界中这样的行为贴上道德标签,只会对人类社会中这样的行为做道德反思,这难道不是已经说明了问题吗?

"有两样东西,越是经常而持久地对它们进行反复思考,它们就越是使心灵充满常新而日益增长的惊赞和敬畏:我头上的星空和我心中的道德法则。"[1]

只有人的心中存有道德定律。

---

[1] [德]康德:《实践理性批判》,《康德著作全集》(第五卷),李秋零译,中国人民大学出版社2007年版,第169页。

延伸阅读

本章有关功利主义的主要观点,来自穆勒的《功利主义》,上海人民出版社,2008年4月。

狭义上,功利主义伦理学是由边沁创立的,参见边沁的《道德与立法原理导论》,商务印书馆,2000年12月。

本章中提及的其他几本著作,西季威克的《伦理学方法》,商务印书馆,2020年12月;摩尔的《伦理学原理》,商务印书馆,2018年11月;罗尔斯的《正义论》,中国社会科学出版社,2009年6月;尼采的《论道德的谱系》,商务印书馆,2016年7月。

结 语

经济知识本身，是人类文明结构中的基本要素；它是现代工业化的基础，也是最近这几个世纪中一切道德、知识、技术和医疗所取得之成就的基础。由经济知识所提供给人们的这一丰富宝藏，是获得妥善利用还是被弃之不用，取决于人类自身。但是如果人们不能善加利用，而且轻视其学说和警告，他们也无法消灭经济学；将会被消灭的，是社会和人类自身。[1]

——路德维希·冯·米塞斯

（Ludwig von Mises，1881—1973）

---

1 ［德］路德维希·冯·米塞斯：《人的行动：关于经济学的论文》，余晖译，上海世纪出版集团2013年版，第909页。

结　语

《什么是经济》到这里就已经全部完结了。

本书是在喜马拉雅课程"人文通识100讲"的基础上修订而来的。我对课程讲稿的主体内容做了大量增删与改动，新增了部分章节，并且用"经济学小知识进阶"的形式添加了一些对常见经济学概念的解释。

因此，虽然这本小册子的篇幅不大，但其中的内容实际上涉及了经济学以及与经济学相关的法学、政治学、社会学和道德哲学等诸多领域，远远超过通行的经济学教科书所涵盖的范畴。

即便如此，仍然还有许多重要的话题未能囊括进去。比如如何看待全民基本收入（Universal Basic Income，简称"UBI"）这个观点；技术创新和经济增长之间的相互影响机制是什么；垄断的实质是什么，为何一百多年来国家对垄断立法越来越严格，垄断问题却越来越严重；为什么会出现内卷，可以规避内卷吗……类似的问题还有许多。

但我还是想就此打住。写作本书之初,我的目的就既不是撰写一本标准的入门经济学教科书,也不是编纂一部包罗万象的经济问题百科全书。

现实世界中的经济现象千变万化,经济资讯更是瞬息万变,即便是经济学家自己,面对林林总总的经济问题,也不可能立刻给出合适的回答,甚至还有可能犯下低级错误。

本书想告诉读者的,只是一些常识,以及如何剖析这些常识的方法。

常识很重要。就在修订本书书稿之时,我读到了张明扬先生所写的一篇文章,里面有这么一段话:

> 部分网民关心经济的方式是:企业可以破产,但不可以裁员;企业可以破产,但不可以加班。至于什么叫中国经济?他们不懂,也不关心,他们唯一关心的中国经济就是芯片和所谓的硬核科技,至于衣食住行,都太俗不可耐了,不重要,当然,如果他们叫的外卖晚了十分钟,他们可是会骂娘的,骂起外卖小哥来比谁都狠。[1]

这段话或许会让许多人感觉不舒服,但是的的确确道出了很多

---

[1] 张明扬:《除了胡锡进,没人关心经济了》。

结　语

人面对经济现象时的思维怪圈。痛恨大企业，却从未想过这些企业在现实经济运作中究竟扮演了什么样的角色；批判资本，却既不清楚资本究竟是什么，也不愿试着去想象一下缺乏资本的世界会变成什么样子；控诉贫富差距、阶级固化，却惰于去探究是什么样的原因造成了贫者越贫、富者越富的现象；呼吁政府干预，免费提供各类社会福利，却故意忽略一个基本事实：这个世界上根本不存在免费的东西，政府也从来不是一位无所不能的慈父。

造成这一现状的关键不是经济问题太复杂。所有这类经济问题其实都是由一连串发生在我们日常生活中的经济现象所构成的。即便不了解这些问题的实质，只从常识出发去判断，也不至于产生上述那些怪诞的想法。

真正的问题在于我们被大量光怪陆离、爆炸般涌现的观点所淹没，成为流行性舆论的接收器，不愿再费力去进行任何的反思。

授人以鱼，不如授人以渔。

与其一遍遍反复告知问题的正确答案，不如试着让那些真正对经济现象好奇的读者尝试运用基本的经济学分析工具，自己去反思发生在身边的那些经济问题。

这就是本书的目的。本书的基本逻辑如下：从理解选择问题出发，从单一个体（消费者、企业）的选择到诸多个体选择行为的互动过程——市场机制，再到经济增长、资本、货币与经济周期；从解释"外部性"和"公共品难题"，到关注制度的生成的过程，再聚焦于政府在社会制度选择过程中扮演的角色；最后，探讨选择行为本身的价值——道德伦理。本书解释了如何运用经济学的思维方式来观察社会、反思自身。

如果读者诸君在阅读完本书之后，觉得自己好像读了一本假的经济学著作，那么我会在某种程度上感到欣慰，因为我的目的已经达成了。

这才是经济学应该有的样子——把"经济分析"当作手术刀，以此剖开社会表象，直击人性。

所以经济学不是坊间那些被二、三流学者玩坏的理财术，而是关于一般人类事务的学问。经济学知识包含着人类文明结构中的基本要素，是自工业革命以来人类社会知识之集大成的产物。就像本章开篇所引的米塞斯的论断，经济学"是现代工业化的基础，也是最近这几个世纪中一切道德、知识、技术和医疗所取得之成就的基础"。

什么是财富，如何获取财富，这是经济学永恒的元问题。但是读者们现在应该已经发现：对于财富的理解，原来可以那么多样化；获取财富的行为，原来不只是关乎利益，还关乎道德。个人的生活、社会的进步、国家的福祉，一切皆是选择的结果。幸福取决于我们的选择。

那么接下来的问题就是：你该如何选择……